天津之眼与永乐桥

天津之眼与永乐桥夜景

赤峰桥

水上公园

直沽桥

五大道

老桥新貌（解放桥）

大光明桥

金汇桥

国泰桥

津湾广场节日之夜

金汤桥

三岔河口近景

三岔河口远景

天津博物馆

空客A320总装线

梁启超纪念馆

庆王府

曹禺故居

袁世凯故居

张学良故居

周恩来邓颖超纪念馆

平津战役纪念馆

长城

宝成奇石园

盘山挂月峰

独乐寺

盘山天成寺

独乐寺十一面观音

天津市旅游景点一本通

杨珉瑛　主编 / 于俊东　主审

天津大学出版社
TIANJIN UNIVERSITY PRESS

图书在版编目(CIP)数据

天津市旅游景点一本通/杨珉瑛主编. —天津:天津大学出版社,2015.4(2018.12重印)
ISBN 978-7-5618-5269-9

Ⅰ.①天… Ⅱ.①杨… Ⅲ.①景点-介绍-天津市
Ⅳ.①K928.702.1

中国版本图书馆CIP数据核字(2015)第067335号

出版发行	天津大学出版社
地　　址	天津市卫津路92号天津大学内(邮编:300072)
电　　话	发行部:022-27403647
网　　址	publish. tju. edu. cn
印　　刷	廊坊市海涛印刷有限公司
经　　销	全国各地新华书店
开　　本	169mm×239mm
印　　张	13.25+16页彩插
字　　数	253千
版　　次	2015年4月第1版
印　　次	2018年12月第2次
定　　价	78.00元

特邀编委会

穿越历史长河 寻访城市记忆

——写在《天津市旅游景点一本通》一书之前

差不多在距今800年以前，在辽阔富饶的渤海西岸，在举世闻名的大运河与九河下梢的海河交汇处附近，一座小小的军事据点诞生了。经历几百年的风雨，流经身边的河水就像母亲甘甜的乳汁，哺育着她茁壮成长；百余年前，伫立于海河之畔、渤海之滨的她，终于脱颖而出，迅速发展成近代中国的第二大城市，当今中国的第三大城市。她，就是宏伟、壮丽的历史文化名城天津。

在我国众多的城市中，天津，可说既古老而又年轻。说她古老，是因为自六七千年前的新石器时代起，便有我们的祖先在这里耕种渔猎了；说她年轻，是因为早期城市聚落的出现，至今不过八百年的时间；设卫筑城，仅只六百余年，而跻身于国际大都市行列，则是近一百多年的事情。讲到这儿，有人一定会问，我国历史悠久，许多城市都有几千年的历史，只有几百年历史的天津，也能算得上是历史文化名城吗？这个问题提得很好。问题的关键在于，历史文化名城有着怎样的标准？或者说，怎样为历史文化名城定位？

我国现有的99座历史文化名城，可以分为两大类，一类属于古都型的或者历史悠久的城市，像北京、南京、西安、开封、洛阳、安阳、杭州、绍兴、拉萨等等；另一类呢，是近代型，是近代成长起来的大城市，像天津、上海、重庆等等，这类城市的数量虽然不多，但是城市成长速度快，城市规模大，而且地位非常重要，在许多方面代表了近代中国历史或文化的走向；了解这些城市，更能加深我们对当代中国的认识与热爱。

就拿天津来说，古老而又年轻的历史，曾为天津留下了丰富多彩的多文化积淀。“地当九河津要，路通七省舟车”的优越区位极便于南北文化以及运河文化、海洋文化在这里交融并蓄。近代以来，天津还是中国北方最早和最大的沿海开放城市，中西文化的撞击，造成了开放、多元、兼容的独特成长模式，在政治、经济、文化、外交诸多领域开北方风气之先；近代天津人民反抗外来侵略斗争的激烈和革命传统的深厚，也为国内大城市所罕见。

近年来，作为“渤海明珠，近代缩影”的天津，日益受到国内外旅游者的青睐，可是长时间缺乏一本专门性的读物。日前，旅游专家于俊东先生亲临舍下，带来了经他审订的《天津市旅游景点一本通》书稿，这本书寻古访今，钩深致远，条分缕析，探迹索引，精心选取了经过时间积淀和岁月筛选的著名旅游景点近百处，以朴实、安闲的文字，绘声绘色地向读者娓娓道来；书的作者是献身旅游事业二十余载、耄耋之年的杨珉瑛先生。两位专家老骥伏枥，凭借多年的丰富实践经验，积数年之功，填补了天津旅游开发中的一项空白。

掩卷沉思，给了我一种感动，一种守望。我想，人生的最大意义，也许就在于把个人价值的实现，融入使命实现的过程中吧。

罗澍伟

2014年10月12日

辛勤耕耘　梦想如愿

——对一位老旅游工作者的祝贺

我和杨珉瑛的相识是在1958年，那时我们俩同在天津市针织厂工作。他时任保卫科副科长，我因美术专长担任工会宣传工作，因此我们常相见。1969年杨珉瑛调到纺织局工作，1979年我被调到中共天津市委《支部生活》杂志社，担任美术编辑兼摄影记者，1989年任副社长、编审。那时杨珉瑛已是天津市纺织局蓟县疗养院的副院长。一些劳动模范、先进生产者、先进工作者等分期分批到疗养院疗养学习。我去该院采访，了解到杨珉瑛在搞旅游事业。我们在我给摄影爱好者讲摄影课和实践摄影采风时相处很多，可以说是摄影让我们走得很近。我在长谈中了解到他在旅游事业上走过的艰苦历程。

杨珉瑛在天津旅游战线上是一位名副其实的老兵。从1988年担任天津市纺织局疗养院常务副院长，这位如今已是80多岁的老同志，在旅游战线上已工作了近30个年头。看他积累的旅游资料、书写的十多万字的导游词、常年背着照相机到景区拍摄景点的照片，深感他在旅游事业上所付出的艰辛。后来纺织局成立了旅行社，天津市那时才有二三十家旅行社。1992年12月他参加了天津市旅游局举办的首批总经理培训班，更加明确了总经理要懂导游会讲解的重要性。那时因找不到导游词，他跑了很多书店，走访了许多景区的同志，了解历史故事与传说，并精心整理成册。至今他还完好地保留着十多大袋资料、几十万文字的笔记，他撰写过的文章多次发表在报纸上，并将编好的导游词与旅游界资深老同志于俊东一起研究探讨，不断充实，并在天津市最早从事培训导游员的工作。培养出的导游遍及全市，有的已成为行业的骨干和精英。北京央视名人敬一丹到天津也请于俊东先生做导游并予以称赞。

杨珉瑛非常热爱旅游，更爱做导游，至今还在为大家服务。正是因为长年从事旅游的组织和服务工作，他熟练地掌握了全国很多景区的知识，特别对天津的起源与发展的历史了解甚多。从他编写的十多万字的“天津导游词”不难看出他所付出的辛劳。由于旅游摄影，他获得了强壮的身体和乐观的心态。一位80多岁的老者，依然每天骑着电动车飞奔，走起路来速度不减当年，还不断地组织爱好摄影的老同志到祖国名胜景区摄影采风，并在旅游大巴车上给大家滔滔不绝地讲解。特别是关于天津历史沿革、名人故居、豪宅故事，掺杂着古诗歌赋，他讲起来是津津有味，大家都很爱听。

这些年来，天津市委、市政府高度重视旅游基础建设和旅游事业的发展。特别对天津历史风貌修整和恢复改造，不惜一切人力物力将“五大道”“海河两岸历史遗迹、名人名居”修复完善。一个美丽的天津，一个别有文化特色的新天津展现在人们眼前。这个历史文化名城，从此焕发出靓丽的光彩，而且未来会更加耀眼夺目。我一直呼吁天津能有一个完整的导游词，或者旅游攻略，因此特别帮助、鼓励和督促杨珉瑛和于俊东他们整理好这本自发编辑的导游资料，并把他们介绍给天津市旅游局主管领导，经过他们努力，不断修整、校对、补充，并在天津大学出版社大力支持下，这本《天津市旅游景点一本通》终于面世了，我倍感高兴和喜悦。

《天津市旅游景点一本通》的出版，将会激起旅游界管理部门、专家、学者的广泛关注，预示着天津旅游攻略将要问世。《天津旅游景点一本通》的作者是一位从事旅游实践工作多年的老者，他既不是作家，也没干过编辑，仅是位关爱旅游事业、关爱天津故里的热心人。这本书的字里行间渗透着他的一份苦心、一份热情和几十年的血汗。过去的十几年里，他只是用这些打印的文字材料培训出一批又一批的导游员；现如今在得到方方面面的大力支持下，编印成册，他一生的梦想终于实现了，并使更多从事旅游工作的人和爱好旅游的人受益，对人们了解天津将发挥很好的作用，可喜可贺。当然，作为“天津旅游攻略”还应具备天津交通图、各景点交通线路简图以及景点附近住宿、高低档次酒店、特色小吃、特色商铺、价格等衣食住行游购娱方面的服务介绍，如再加上彩色图片效果会更好。天津有很多专家、行家里手，只希望这本书能够被他们不断充实完善，让一本更完美的天津旅游攻略早日问世，摆在全国书架上，广泛应用传播，让世界了解天津，让天津走向世界。

2014 年 10 月

目录

精品一览

近代北洋

名人故居

红色旅游

多元文化

自然风光

天津购物

娱乐美食

教堂庙宇

工业旅游

天津博物馆

推荐理由

天津博物馆是展示中国古代天津城市发展的大型艺术历史综合性博物馆，占地74万平方米，馆藏文物达20万件。展厅分为天津人文的由来、中华百年看天津、精品展厅、中国古瓷器装饰艺术陈列、中国古代书法艺术陈列以及中国古代绘画陈列等几个部分。整个展馆内珍藏历代古玩字画、甲骨文片等珍品。诸多为国家一二类保护文物。

天津博物馆是我国较早的博物馆之一，建于1918年。2008年新建的天津博物馆位于天津市文化中心，2012年5月落成，对外开放，整个建筑上下共6层，地上5层，地下1层，层叠错落，内部空间更融合了穿越时空隧道、连接未来之窗的理念，新颖独特。新馆总投资8.3亿元人民币，除了基本馆藏文物专题陈列外，还可以不定期地举办临时的大型特展。内部还有一个可容纳400人的国际报告厅，设施、设备一流，能够举办大型的国际学术交流活动。新馆的建成充分满足了陈列展览、藏品管理、学术研究、文物保护与修复、社会教育等功能的需求，是天津地区最大的集收藏、保护、研究、陈列、教育为一体的大型的公益性文化机构及对外文化交流窗口。

一、天津人文的由来

3 500年至4 000年前，在现在天津的张贵庄、八里台、塘沽、岐口等处，露出地面几处贝壳堤。北部刘家房子码头出土了新石器时代的石犁、石磨、石斧等文物，说明4 000年以前就有人在此处繁衍生息了。

海平面稳定后，海岸线停留在小王庄、张贵庄、巨葛庄、八里台、中塘、沙井子一带，在海浪等的作用下逐渐形成了贝壳堤。据碳 14 测年，这条贝壳堤的时间上限为距今 3 800 年，下限为距今 3 000 年（一说 2 800 年）。贝壳堤距海 11~25 公里。天津的贝壳堤被誉为世界三大贝壳堤之一。

春秋战国时，天津北部一带属于燕国，渤海西部海岸及静海大部属于齐国，屈原出使齐国时，天津还是 300 多条小河汇流到海的地方。

三国时期曹操为了征讨乌桓国，稳固北方，在天津开凿了 3 条人工渠（静海与独流之间的平虏渠；军粮城与宝坻之间的新河；泉州与滦河之间的泉州渠）。

公元 605 年，隋炀帝杨广征用了百万民工，用了 6 年的时间，连通了长江、黄河、淮河、海河、钱塘江五大水系，全长约 1 794 公里，统称京杭大运河（现已在申报世界文化遗产）。

到了元代，忽必烈设现在的北京为首都，命名为大都，每年要有二三百万石的漕粮，经天津中转到北京，天津大直沽设“万户府”和“接运厅”。第一座天后宫也在大直沽建成。从此天津逐渐成为北方经济、文化中心。

公元 1404 年，燕王朱棣在三岔河口西南的小直沽一带“筑城浚池”设天津卫，后又增设天津左卫和天津右卫。

二、中国百年看天津

18 世纪 50 年代英法帝国侵略天津，闯进“崇禧观”，将那里许多宝物劫走。1860 年英法联军占领天津，天津被迫开放，英法两国在天津先后建立租界。

《北京条约》规定开设天津为通商口岸，使得西方殖民势力大举进入天津，标志着天津近代历史的开端。

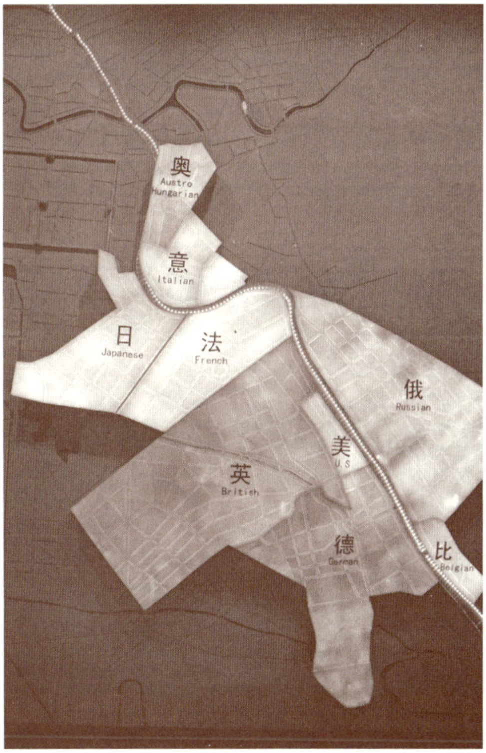

1900年，俄、美、德、日、意、奥、比也先后在天津开辟了租界地，共计2.4万亩，相当于天津旧城的8倍。9个帝国主义国家，先后占据了天津海河两岸城市中心的繁华地区，形形色色的小洋楼形成了天津“万国建筑博览会”的独特景色。

从清末开埠，天津又历经了北洋政府阶段(1912—1928)，南京国民政府阶段(1928—1937)，日本侵略军占领阶段(1937—1945)及解放战争阶段(1945—1949)，1949年1月15日，人民解放军在金汤桥上胜利会师，天津解放。

三、耀世奇珍，文化精品

天津博物馆馆藏展示的主要有玉器、青铜器、瓷器、书画及其他共五大类。下面重点介绍其中几种。

(一)玉器。玉器中主要介绍三件宝瓶。第一件是清代翡翠缠菊花纹环耳扁盖瓶，是用一块整料雕琢而成的对瓶。材质精良，色泽灿烂莹润，雕琢工艺高超，玲珑剔透，并具有西方艺术风格纹饰，是极难得的料美工精的大型翡翠制品。另一件是清乾隆款的珐琅彩芍药雉鸡图玉壶春瓶，绘雉鸡、湖石、盛开的芍药并配以相应的墨书题诗印章。描绘精细、生动，为诗书画合璧的精瓷艺术珍品。还有一件最抢眼的是清代黄玉云纹龙首四耳瓶又称翡翠蝈蝈白菜，真可谓活灵活现。

（二）瓷器。展品是清代康熙皇帝的12月花神诗文杯。一组12件，按月绘制相应花神，并青花楷书对应诗文。胎薄透亮，莹润细腻，纹饰色彩鲜丽清新，绘制生动自然，是五彩瓷器中的精品。

（三）书画长卷名叫《万笏朝天图卷》。内容是乾隆皇帝下江南途径苏州一带的风光，其中山川楼阁、风土人情、市井生活无不表现得淋漓尽致。此长卷为范仲淹裔孙组织人员绘制的，以一把黄罗伞盖体现了乾隆皇帝皇权至高无上。构图清晰流畅、色彩艳丽辉煌，是一件极为难得的珍品。

（四）在进门的右侧展示有两件古琴，第一件是南宋时期“玉壶冰琴”，它是中国最古老的弹拨乐器之一。琴背面有长方形的“龙池凤沼”，龙池上方刻有“玉壶冰”字样。它旁边是明代万历年间潢南道人制作的“益藩王琴”桐木、鹿角、黑漆，面有蛇腹断纹长方形“龙池凤沼”，保存完好系传世名琴之一。

（五）其他。展馆里还展示有祺皇贵太妃银质宝玺。印上铸有汉满两种文字，铸造精良，龙相威武庄严。

明代的莲叶形荷花口犀角杯，采用了珍贵的犀牛角为原料精心雕刻而成，杯口作荷花状，杯体莲叶缠绕，质地精良，因材施艺。浮雕等多种技法并用，巧夺天工。

天津博物馆面积较大，但层次清晰，登扶梯上楼，一般先参观天津人文，中华百年看天津，精品展厅，中国古瓷器等。最后一楼大厅有古书籍介绍。

攻略

交通：乘662、668、686、835、868、912路公交车在博物馆站下车可到达。

附近景点：天津美术馆、天津图书馆、天津大剧院、天津阳光乐园、银河购物中心等。

古文化街

推荐理由

古文化街，天津发源地之一，“直沽寨”是天津最早的名称。“天后宫”也称“妈祖庙”，清代“妈祖皇会”每年也在这里举行。历代皇家漕运码头最早的集市出现在宫南宫北大街上。20 世纪 80 年代改造后，更加突出了“中国味、天津味、古味、文化味”。古文化街为国家 AAAAA 级景区。

古文化街南北长 800 余米，南口“津门故里”，北口“沽上艺苑”，街中即是琳琅满目的文房四宝、珠宝玉器、名人字画、小工艺品等。杨柳青年画、泥人张、风筝魏、雕刻艺术品、文化用品、名品古玩、旅游纪念品等应有尽有。进北门，在街的东侧便是天津最早的胡同——“同庆里”，墙上雕刻着天津码头昔日的繁荣景象以及天津民风、民俗。在胡同东口便是建于明代的“玉皇阁”（1427 年），距今已有 580 多年历史。殿内供奉的是玉皇大帝，负责三界十方四生六道。这里香火很盛，正月初八有“祭星”

活动。农历九月初九有登清虚阁眺望三岔河口万帆竞发等活动，以求年年高、步步高，企盼飞黄腾达有所发迹。

沿街向南不远处有一座中国近代启蒙思想家严复的坐姿雕像，许多游客在此拍照留念。每年3月23日娘娘的生日庙会期间，在庙前广场有天津舞狮、踩高跷等民间艺术节目，人山人海，热闹非凡。临海河的戏楼上节日期间好戏连台，各种小吃沿街一字摆开，好不热闹。每当庙会期间，海河两岸彩旗招展，热闹非凡。

东面海河上的“金汤桥”，桥身可自动开启，街中有多家小吃店，被慈禧老佛爷赐名的“石头门坎素包”百年老店也在这条街上。乘自动扶梯上二楼除小吃外还有天津的相声专场演出。街的西半部至东马路除官银号老店（现今为天津银行）外，从南到北80%以上均是古玩买卖，门面店铺以及地摊到处都是古董老货，到这里“淘宝”的人络绎不绝。

这里沿街数百家店铺字号的匾额多为名人所书写，也成为这里的一个重要特色。古建筑物上人物故事以及奇花异草彩绘，形成了一道高雅的艺术走廊。走在街上可充分感受到浓厚的“中国味、天津味、古味、文化味”。

古文化街800多米虽然不长，但内容丰富。成人们可买到珠宝玉器、字画、文房四宝、服饰、化妆品等；小孩也一定不会放过诸多奇特小玩具。这里的吃也便宜，你也可以去尝尝老佛爷吃过的“石头门坎素包”哟！

攻略

交通：乘4、观光2、5、15、804、954、610、611、641、671、904、908路公交车在东马路站下车可到达。

鼓 楼

推荐理由

天津卫三宗宝：鼓楼，炮台，铃铛阁。天津城建于明代1404年，至今已有600多年历史。其中鼓楼共有两次拆建的过程。现今的鼓楼是20世纪80年代重建的。鼓楼重建后为明清风格仿古建筑，是一道天津传统文化味十足的风景线。天津鼓楼为天津市标志性建筑。

鼓楼历史

明朝永乐二年（1404年），天津设卫筑城，这时的这座"卫城"只不过是土围子，到弘治年间才砌成砖城，修建了东、西、南、北四个城门的城楼和四处城角的角楼。位于城中心的鼓楼，名为鼓楼，实为钟楼。有人说，现在的天津市就是以鼓楼为中心，向四周不断扩张而形成的，所以有人称"鼓楼"是天津市的发源地。

鼓楼高三层：第一层供奉观音大士、天后圣母和关羽、岳飞等；第二层悬有一口重约三千斤的铁钟。楼前有清代天津诗人梅小树撰写的木版对联："高敞快登临，看七十二沽往来帆影；繁华谁唤醒，听一百八杵早晚钟声"。1900年，八国联军侵入天津，城墙被拆除，独独留下了鼓楼。民国十年（1921年），直隶省长曹锐、天津警察厅长杨以德，照原样重建，楼顶大梁上改覆绿瓦，较以前更为美观。重建后，鼓楼四个城门名称定为“镇东”“定南”“安西”“拱北”，请著名书法家华世奎书写。从此后这座鼓楼碧瓦丹楹，焕然一新。

鼓楼大钟

鼓楼原来的大钟直径1.4米，高2.3米，重约三千斤，被誉为天津的”钟王”。

此钟用铁铸成，铸工精细，造型古朴。钟体都是阳铸浮雕，钟的腰部铸着云龙和折枝花卉，作为装饰。

鼓楼商业街

鼓楼商业街为十字形，呈大鹏展翅之雄姿。该街上的建筑以青砖瓦房的明清建筑风格为主，大多为2至4层，高低错落，犹如一首节奏跌宕起伏的乐章。整个布局分为三部分：北街为北方古玩城和黄金阁艺术市场；东街为精品购物街；南街以天津传统民俗文化、商业及餐饮为主。其景观风格重点体现了传统味、文化味、天津味、民俗味、现代味之间的融合，充分体现了以人为本的亲和力。

现鼓楼大钟根据唐宋制式铸铁钟复制，高2 000毫米，下口直径1 500毫米，蒲牢（钟上兽钮）400毫米。钟的材料为响铜，重3吨，由旅美华侨王桐发先生捐赠。钟上铭文由冯骥才、张仲先生撰写。

攻略

交通：乘37、863、865、855、635、651、652、657路公交车可到达。

盘 山

推荐理由

盘山历史悠久，是我国十五大名山之一，这里以五峰、八石、三盘取胜。上盘松胜，盘曲翳天；中盘石胜，千奇百怪；下盘水胜，溅玉喷珠。历代帝王将相、文人墨客均有人到此礼香拜佛。清代兴盛时乾隆曾 32 次来盘山，感叹道“早知有盘山，何必下江南”。新中国成立后恢复和重建了天成寺、卧云楼、江山一览阁、万松寺、云罩寺及后山少林寺等，并为方便客人登山修建了索道，年老体弱者亦可登顶观览。这里一年四季向游人开放，旺季游人很多。盘山为国家 AAAAA 级景区。

盘山景区位于燕山山脉的余脉，总面积 106 平方公里，历史悠久，是我国十五大名山之一。盘山以秀、幽、雄、险、奇取胜，它的风景可以概括为：五峰、八石、三盘。五峰即挂月峰、紫盖峰、九华峰、自来峰、舞剑峰；八石为悬空石、摇动石、喝断石、将军石、夹木石、天井石、蛤蟆石、蟒石；三盘之胜为上盘松胜，盘曲翳天；中盘石胜，千奇百怪；下盘水胜，溅玉喷珠。盘山主峰挂月峰高度为864.4米，为盘山之巅，登上山顶极目远眺，可一览众山小，群峦争秀，尽收眼底。魏武帝曹操、唐太宗李世民、辽太宗、辽圣宗、金世宗以及清圣祖康熙、清高宗乾隆、清仁宗嘉庆等，据传都曾“鸣驺入谷”，清高宗乾隆曾32次来盘山并感叹道：“早知有盘山，何必下江南。”清代为盘山发展的鼎盛时期，建有72座寺庙，13座玲珑宝塔，但其中大部分已在日本侵华时期被烧。新中国成立后特别是近几年随着旅游业的不断发展，已经恢复和重建的天成寺、卧云楼、江山一览阁、万松寺、云罩寺等重点风景区已全部对游人开放。

天成寺

天成寺也叫“天成法界”，始建于唐代，后辽明清时曾扩建和重修过。尤其是乾隆的替身僧——云海法师，就是在这里出家的。

一进入天成寺，首先映入眼帘的便是过街楼“江山一览阁”。上台阶后便是大殿，路旁是两棵高大的银杏树，已有800多年的树龄，但仍枝叶茂盛，银杏树也被称为“活化石”，并具有较高的药用价值。

浅黄色的古佛舍利塔，建于辽代。塔高22.63米，八角13层，共有104个铜铃，它和身后的翠屏峰交相辉映，形成一幅美丽的画卷。塔前柏树和塔同龄，是天津最古老的柏树。

正殿后面还有一眼神泉，其水清澈透明，涓涓而出，故名曰“涓涓泉”。

乾隆御碑

碑的正文是乾隆亲笔书写的《游盘山记》：“连太行，拱神京，放碣石，距沧溟，走蓟野，枕长城，盖蓟州之天作，俯临重壑，如众星拱北而莫敢与争者也。”此文具体地点出了盘山的地理位置，背面是诗的正文：“虚窗四启晓霞流，人在层岩最上头。诗句偶拈今日暇，风光宛似昔年秋。泉淙涧底琴音泻，峰倚天边画景收；独抚穹碑参结习，转叫心愿重来游。”盘山的美景使得乾隆感叹不已。

万松寺

万松寺是盘山寺庙群中最大的庙宇。古时一年一度的庙会香火很盛，几十里外的人们都前来赶庙会。皇帝出游时有时也在此居住。

如今的万松寺为仿古建筑，高台红墙黄瓦，大坡屋脊，金碧辉煌，不减当年的胜景。

法藏寺与盘龙松

法藏寺位于万松寺与舞剑山之间。乾隆皇帝第七次游盘山的时候，走到了法藏寺，与大臣们进院后，看到院中间有一棵巨大的松树，树冠很大，长势弯弯曲曲，像巨龙跃出水面。树下还有一块木牌子，上面写着“盘龙松”。乾隆看后，立刻诗兴大发，御笔题诗一首：“天下何处无松？盘山松乃天下松之宗；盘山何处无松？盘龙松乃盘山松之祖龙。”这棵松可谓盘山松之首、之魂！

盘山一日游，从入口经三盘暮雨入胜，卧云楼、天成寺、万松寺换乘索道直达云罩寺、定光舍利塔、盘山顶峰。半日游，盘山入口直接乘索道先游万松寺，然后乘索道到云罩寺、挂月峰，走的路程少。盘山内容丰富，最好在售票处请导游进行讲解。

攻略

交通：可乘火车至蓟县火车站，再换乘前往盘山的公交车或小巴。天津市河北区建昌道公交汽车站有可直达蓟县的公交车，再换乘去盘山的公交车或小巴上山。

杨柳青及石家大院

推荐理由

天津杨柳青位于千年古镇“柳口”，旧时有“小江南”之称。隋炀帝时开凿的京杭大运河也经由这里。新落成的明清一条街，门市店铺星罗棋布，杨柳青年画、风筝、剪纸、旅游纪念品等一应俱全，人来人往热闹非凡。素有“津西第一宅”之称的石家大院是一处独具特色的大型清代民宅，占地 7 200 平方米，房屋 278 间，装饰考究，砖、木、石雕精美绝伦。戏楼是大院中的精华。天津杨柳青为全国名镇，石家大院为国家 AAAA 级景区。

天津杨柳青位于千年古镇“柳口”，建于元末明初，在天津历史上享有盛名。大约公元 605 年，隋炀帝杨广就在天津开凿了京杭大运河，沟通了南北之间商品交流。为防止洪水至柳口，一次隋炀帝杨广乘船来到这里，观察了土质和堤坝结构后，下令民工在三日内，在方圆几十里的地方栽种杨柳数十万株。数年之后，柳口镇到处绿树成荫，风景如画。如《天津杨柳青小志》上所说，柳口镇于是改名为杨柳青。

杨柳青明清一条街

现今的杨柳青面貌一新，杨柳青人将这千年古镇打造成为明清一条街。这里的建筑风格古朴典雅，融入了杨柳青年画的技法。您可领略能工巧匠精湛的技艺和巧夺天工的丹青点染，感受我国古代建筑艺术的博大精深。

新落成的明清一条街地处杨柳青民俗旅游区中心地段，这里又称为杨柳青的“金街”，可看到古镇商贸街的盛况。这里有杨柳青年画、风筝、剪纸、旅游纪念品等民间工艺品。

石家大院的历史

石家大院原系津西首富石元仕的住宅，清末天津八大家之一，素有“津西第一宅”之称。这座宅院占地 7 200 平方米，房屋 278 间，是我国至今保存最好、规模最大的民宅建筑。2003 年石家大院又进行了扩建工程，面积达到一万平方米，使得整个景观更加好看。

石家祖籍山东省莱州大翁口石家岭，到石元仕一代为石家鼎盛时期。从明代时便以漕运粮食为主，因此在杨柳青落户。之后又给清政府押运漕粮，多从漕船收购低价官粮，依靠经营积累，资产日见雄厚，库存粮常近万石。每遇灾荒之年，利润倍增，石家最终发展成为拥有四万多亩土地的大地主。

石家大院的建筑风格

石家大院始建于光绪初年（公元1875年），当时总共耗费了30多万两白银。整个大院东西宽70米，南北长100米，总建筑面积为3 000多平方米。建筑用料考究，做工精细，砖瓦都是定制的，木料全是楠、樟、楸各种硬木，石料为大青细石等。整个建筑工程都磨砖对缝，画栋雕梁，花棂隔扇，油漆朱彩。大院的全部建筑典雅华贵，气势恢宏，砖、木、石雕精美细腻，是一处独具特色的大型清代民宅。著名电影表演艺术家石挥就是石氏的第四代孙。

石家大院的砖、木、石雕

石家大院的砖、木、石雕精美绝伦，又多出自杨柳青四大雕刻作坊之手，构思独特，技艺高超。古代建筑的装饰艺术多出现在建筑物的山墙、墀头、门额等处，如《辈辈封侯》《福寿三多》《麒麟吐玉书》《五福捧寿》《八仙人》等。石家大院里的砖雕图案就达百种之多。

石家大院的木雕也比比皆是，精雕细刻、栩栩如生，如《九狮图》《太师少保》《团鹤献寿》《凤戏牡丹》《含苞待放》《花蕊吐絮》《子满莲莲》。再有就是花厅内隔断上的八扇屏：上面刻有四季花鸟，真是美不胜收。

再看石雕，石家大院的石雕多数是从扬州定做的，据说光是一对《九狮图》的石鼓就用了500两白银。还有《狮子滚绣球》《鹤鹿同春》《八仙宝物》《福在眼前》《眼前如意》等巧夺天工的石雕。

大院中的戏楼

大院中的戏楼是石家大院中最高大的建筑物。它为砖木结构，是一处集南北建筑风格为一体的厅殿。厅内的雀替、隔扇、灯箱、柱头等均为木雕装饰。台阶、基石上的石雕装饰等均为华北地区上乘之作。厅堂内灯火辉煌，古朴典雅，这在民宅建筑中极为少见。1918年石元仕过70大寿时，邀请了当年著名京剧名家余叔岩、孙菊仙、龚云甫、裘桂仙、谭鑫培等人在此唱过堂会，场面盛况空前。

戏楼南面是花厅，它是石府接待客人、商议大事的场所，厅堂上那块“尊美堂”的匾额，是光绪皇帝的老师翁同龢亲笔所写。另一块“知足知不足斋”的匾额，系大学士刘墉亲笔题字。意思是提醒石氏既要知足常乐，又要知道不足的地方，不断加以努力，才能得到发展。

攻略

交通：乘153、669路公交车杨柳青站下车，乘824路公交车在石家大院站下车即到。

五大道

推荐理由

五大道地区有一片西式建筑群体，它们各具风采，有的雄浑刚劲，有的俊秀典雅，可谓千姿百态，又称“万国建筑博览会”。曾经住在这里的有军阀政客、清朝遗老遗少，“人以楼贵，楼因人名”，每一幢楼房、别墅都像是一部史书，勾画出人世沧桑。五大道有它深刻的政治和文化内涵，是天津近代史的见证。

五大道包括马场道、大理道、睦南道（常德道）、重庆道、成都道，总长度 17 公里，总面积 1.28 公里，共有小洋楼 2 000 多座，典型建筑 300 多座，以英、法、意、德等庭院式别墅较多。

马场道

旧时这里曾是跑马场，全长 3 000 米，在这居住过的人士有德璀琳（英租界工部局董事长、跑马会会长）、潘复（军阀时期总理）、胡佛（美国第 31 届总统）、桑志华（法国神父）、刘冠雄（海军司令）、雍建秋（清代大军火商）、李烛尘（中国化工工业先导）、宋棐卿（抵羊牌毛线创始人）等。

大理道

大理道全长 1 745 米，旧时叫新加坡道。

大理道 66 号英式花园别墅(现和平宾馆),孙震方故居,其祖父孙家鼐为清朝礼部尚书、大学士。新中国成立后毛主席、周总理都曾在此下榻,后邓小平、叶剑英、李先念、邓颖超、江泽民等 50 余位国家领导人先后在此住过。

大理道 48 号豪华欧式庭院别墅是原江西督军陈光远故居。陈光远是在租界军阀中首屈一指的百万富翁,关于他有“穷了江西一省,富了武清一家”之说。这套别墅建造富有特色,它与周围环境相得益彰,是一处不可多得的景观。

大理道 9 号欧式风格三层豪华小洋楼是曾任过师长、司令、黑龙江省主席、抗日民族英雄马占山的故居。马占山曾帮助过傅作义,促使北平和平解放。

大理道 39 号三层小洋楼是原南开大学校长张伯苓的故居。1951 年张伯苓先生逝世后周总理亲临治丧、送葬,并题追悼词:“张校长一生是进步的、爱国的,他办学校是有成绩的。”

睦南道

睦南道旧称香港道,全长 1 968 米。

睦南道 50 号为一座英式豪华花园别墅,为张学铭故居(张学良二弟)。张学铭 20 世纪 30 年代曾担任过天津市公安局局长、市长,新中国成立后任人民公园副主任,曾请毛主席题写“人民公园”牌匾,这是毛主席唯一一次为公园题字。

睦南道 129 号是一座二层别墅式小洋楼,为周叔弢故居。周叔弢 1954 年曾任天津市副市长,之后向国家捐献宋、元、明、清代珍本 2 672 册,清代善本 3 100 多部。

睦南道 141 号,二层别致英式小洋楼,为高树勋故居。高树勋 1948 年曾任国民党十一战区副司令,同年 10 月率部进行了震惊中外的邯郸起义,新中国成立后任河北省副省长。1953 年毛主席亲自接见并宴请了他。

睦南道 20 号为四层英式古典豪华私人别墅,为国民党军阀、东陵大盗孙殿英故居。

重庆道

重庆道旧时称剑桥道,全长 1 900 米。

重庆道 55 号为庆王府,是清代庆亲王载振故居。此楼为二层中西合璧式豪宅,院内有假山、奇花异草等。建筑为欧式古典风格,东西南北四面开间,大厅内悬挂有康熙皇帝御赐的大条幅。家具均为硬木紫檀雕刻八仙椅。载振在这里锦衣玉食,仍保持皇家旧制生活方式。

重庆道 52 号,为二层砖木混合小洋楼,是末代皇帝溥仪老师金梁的故居。

重庆道 4 号欧式豪华花园别墅,张作相故居,张作相曾任天津警备司令、第五军军长兼吉林省省长,曾被张学良倚重。人称这里为“省长官邸”。

常德道

常德道 1 号为爱国人士曾延毅的花园别墅,这里也曾是地下党活动据点。

常德道 78 号为原天津市副市长、工商联主任、全国工商联副主任、全国人大代表毕鸣岐的故居。毕鸣岐曾为抗美援朝捐献飞机一架、大炮5门、人民币2万元，认购公债20万元，为天津之最。

成都道

成都道旧时称伦敦路，全长2 206米。

成都道205号为爱国将领、军团司令、北平市市长张自忠的故居。1940年，张自忠带领士兵与日寇激战九昼夜，身负重伤英勇牺牲，毛主席、朱总司令、周总理都送了挽联。天津海河西路后被命名为张自忠路，1982年张自忠被国务院追认为烈士。

成都道40号，为袁家倜（袁世凯孙女）所开设的苏易士西餐厅，牌匾是世界著名的物理学家袁家骝所书。

攻略

五大道实际上共有6条大道，马场道和成都道是双向道路；大理道可从西向东；睦南道、重庆道均是从东向西；常德道最短，也是从西向东。欣赏这里的故居只能按交通规定而行，一般是先看马场道，到西口转向大理道向东，再从重庆道向西，最后再转向大理道。成都道、常德道景观不多，按顺序看即可。

边走边吃：五大道既是天津旅游精品景点，也是美味佳肴汇聚之地。这里有昆明路152号旺粤酒楼、睦南道74号狗不理贵宾楼（李勉之旧居）、河北路297号粤唯鲜（能吃的博物馆）、河北路289号成桂公馆私家菜等。另外如大理道9-11号（马占山将军故居）、大理道57号谍报博物馆、郑州道36号别墅也有餐饮提供。五大道近期特别策划“探访洋楼、感受历史、品尝美味”活动，先后推出马场道1号潘复公馆菜、睦南道87号天津八大家之一卞家公馆菜、赤峰道张学良少帅府公馆菜、成都道袁世凯孙女开的苏易士西餐厅及公馆菜等。在五大道有名的饭店不下几十处，随时可以就近用餐。具体情况可询问五大道旅游服务处，电话（022）23126808、23126809.

交通：五大道中在马场道和成都道上有公交车；成都道上有黄家花园站，可乘观光2、9、831、845、902、951路公交车到达；马场道上有外国语大学站，可乘13、685、862、871、904、906、954路公交车到达。游览五大道最好是乘马车游览，在重庆道民园体育场门前有多辆装饰漂亮的观光马车可供租用，租马车时可顺便请一个导游。那里还有多辆自行车可供租用，这对自助旅游者来说也是不错的选择。

周恩来邓颖超纪念馆

推荐理由

中共天津市委、市政府报请中共中央批准在天津建周恩来邓颖超纪念馆，于1998年2月28日在周总理百年诞辰之际开馆。展馆主体分3层，分别有瞻仰厅、生平厅、情怀厅、专机厅以及新建的西花厅。馆内藏品丰富，文物价值珍贵，共存文物8 000余件、珍品百余件。天津是周、邓的第二故乡，遵照他们的生前遗嘱，将部分骨灰撒向天津的海河。两位伟人为党和国家人民利益鞠躬尽瘁、因公忘私的高贵品质值得我们学习并永远铭记。

周恩来邓颖超纪念馆位于风景秀丽的天津水上公园北侧，占地面积70 000平方米，建筑面积13 000平方米，是一座园林式的伟人纪念馆。建筑主体为三层，高21.3米，布局呈“工”字形，屋顶采取传统重檐形式并结合现代工艺，石材屋面，外檐镶嵌花岗石，色彩朴素淡雅。馆外纪念广场、巨型花岗岩雕像《高山仰止》、不染亭、纪念林、草坪花卉等与主建筑相互衬托，环境幽雅，气氛庄重。馆内藏品丰富，文物价值弥足珍贵。据有关资料显示，该馆目前已征集文物、文献、照片及其他资料8 000余件，珍品达百余件。

周恩来、邓颖超的青少年时代是在天津度过的。他们在天津相识、相知、相爱并共同走上革命道路。两位伟人始终把天津作为第二故乡，临终前他们分别留下遗嘱将骨灰撒在祖国的山河大地，撒在天津海河。

瞻仰厅　大型壁毯《海阔云舒》作为背景，正面耸立着周恩来、邓颖超的汉白玉雕像《情满江山》，两侧浮雕墙镌刻出五四运动、南昌起义、红军长征、西安事变和开国大典、祖国建设等历史性画面。

生平厅 生平厅包括九个部分。（一）风采：展示周恩来、邓颖超在各个历史时期的合影照片和代表性的手迹诗词。（二）追求真理：记述他们立志救国、领导爱国运动、从事建党活动的早期革命历程。（三）拯救中华：再现周恩来领导南昌起义、坚持白区斗争、参与指挥长征、推动全民抗战、指挥解放战争及建立新中国等革命实践活动。（四）总理国务：介绍周恩来出任政府总理、擘画建设宏图、促进民族团结、坚持独立自主和为促进世界和平做出的不朽贡献。（五）领导妇运：展现邓颖超在领导妇女运动、增进与世界妇女交往中所做出的突出功绩。（六）力挽狂澜：反映周恩来在“文革”期间，坚持顾全大局、保护大批干部、与反党集团斗争的雄才大略。（七）继承伟业：回顾邓颖超晚年肩负党政要职、支持改革开放、增进国际友谊的卓越工作。（八）英灵永驻：追溯举国上下沉痛悼念敬爱的周恩来、邓颖超同志的情景，敬展先后敬放过两位伟人灵骨的骨灰盒。（九）遗愿化宏图：表现中国人民继承周恩来和邓颖超等老一辈无产阶级革命家的遗志。生平展厅采用复原场景、微缩景观、灯箱图表、超宽银幕、背投式大屏幕、触摸式显示屏等现代科技手段和大量翔实的历史资料、珍贵的文献文物，全面展示两位伟人的风采。

情怀厅 情怀厅设在周恩来邓颖超纪念馆二楼东西两侧的展厅内，共展出文物、文献 140 余件，以大量文物来展示两位伟人的崇高品格和精神风范。两个展厅各安放一尊蜡像，以“革命伴侣公仆风范”为主线，一尊邓颖超“笑忆甘棠”的蜡像，在鲜艳、浓烈的海棠树映衬下，和蔼、慈祥的邓妈妈坐在院中的藤椅上。此厅介绍了周恩来、邓颖超的爱情和亲情，表现他们之间“互爱、互敬、互勉、互助、互信、互谅、互让、互慰”的夫妻情谊。 四周展壁上展出的是周恩来 、邓颖超在几十年艰苦斗争中遗留下来的生活用品。这里展出的 1938 年至 1974 年间周恩来和邓颖超的部分通信和他们的合影照片，大多为邓颖超精心保存下来的。这些展品充分体现了他们艰苦朴素、廉洁奉公的美德。以“爱洒人间举世景仰”为题的情怀二厅，在以地球为主体的彩色喷绘背景上，点缀着不同民族文字的“为人民服务”字样。一尊以意大利记者焦尔焦·洛蒂拍摄的周恩来晚年照片为原型雕塑的“鞠躬尽瘁”蜡像，安放其间，寓意着周恩来为世界和平和民族团结做出的贡献。四周文物的衬托，让人感到周总理永远都在人民心中。周围展壁展示了周恩来、邓颖超和各界友人的来往通信及互赠的礼品，周恩来逝世后各地群众和外国友人为了表达对周恩来的怀念和对邓颖超的崇敬送给邓颖超的礼品。这些展品恰如其分地揭示了“爱洒人间举世景仰”的主题。《同舟风雨路——周恩来邓颖超爱情书简解读》一书，展示了 74 封周恩来和邓颖超的通信，反映出这对夫妻纯美优雅的精神世界。

专机厅 专机厅在周恩来邓颖超纪念馆主体建筑东侧。绿茵丛中陈放着一架伊尔 14 型 678 号飞机。周恩来总理专机陈列厅为钢结构网架，两道弧形球网架梁交叉支撑，四周为敞开式弧状，顶部由蓝色半透明耐力板装饰，远远望去，仿佛是一只雄鹰

在蔚蓝色的天空中翱翔，向人们展示了周恩来青年时代的理想——“愿相会于中华腾飞世界时”。1957年4月，苏联部长会议主席伏罗希洛夫访华，他得知周恩来总理没有专机，回国后立即精选了一架伊尔14型飞机，以国家的名义赠送给周恩来总理。

自从有了这架飞机，周总理飞遍了祖国的大江南北，并多次出访印度、缅甸、柬埔寨、越南、朝鲜等国家。这架飞机除了供周恩来总理在国内考察和出国访问外，还担负着特殊使命，即接送来访的外国首脑，如胡志明、金日成、西哈努克等。刘少奇、朱德、陈云、邓小平、贺龙、陈毅等党和国家领导人也经常乘坐这架飞机。1998年2月28日，周恩来邓颖超纪念馆正式对外开放，这架飞机作为展品向游人展出。

攻略

交通：乘862、904、643、871、643、685路等公交车及观光2路均可到达。

附近景点：水上公园。

水上公园

推荐理由

它以水面风光绚丽多姿而闻名，是天津市最大的综合性公园，以万湖 9 盘组成，环湖绿树成荫，湖面荷花争艳。环盘通途多架白玉桥相间，亭台长廊千姿百态。于 2008 年整修改造后，更具特色。

水上公园位于天津市西南，该地原系砖窑，1950 年兴建水上公园。由于制砖取土挖地十数米之深，使这里积水成片，日久天长生成大小系列渊潭。有些渊潭深不可测，颇有神秘色彩，故“青龙潭”由此得名。潭内外芦苇丛生，常有野鸭水禽栖息，引来许多中外人士到此射猎游憩，成为学生们游泳的好去处。1937 年，“七七”事变前这里游人就很多，也十分热闹。

新中国成立后，为了给市民提供理想的休闲场所，1950 年 8 月 26 日水上公园开始动工兴建，北部扩展到八里台、王顶堤一带，西到大围堤这一带，1951 年 7 月 1 日，兴建的水上公园正式对市民开放，并命名为“水上公园”，旧称“南郊公园”“青龙潭”也就随之不用了。当时公园分为中心区、田园区、修养区等 7 个游览区。

星移斗转，今天的水上公园以它面积阔大而著称，以水面风光绚丽多姿而闻名，是一座享有很高声誉的市级大型综合性的公园。

几十年来，在各级政府的关怀下，经过几代园林建设者的辛勤耕耘，水上公园于 1991 年被评为津门十景之一。如今的水上公园由 3 湖 9 岛组成（东湖、南湖、西湖及

1~9 岛）。环湖绿树成荫，湖面荷花争艳。更有民族风格盆景园及小桥流水，千姿百态，大有江南特色。水景长堤由 11 组形态各异的水景组成，游客漫步走来，景在其中。进门花卉相映下的“水晶广场”，由 5 组水景连接。万盏灯光汇成奇光异彩。双面的水幕电影、喷火、喷泉表演，金曲、音乐悠扬动听。穿过曲径桥，登上眺望亭，“青龙飞瀑”龙头喷珠，形成九级叠水，九折而流入东湖。水生植物园、木栈桥穿过四个区域，植物园内栽种了多种水生植物。

公园游乐区有津门最高的观览车，仿古龙舟、水上巴士，湖中快艇穿梭其间。三百多艘各式游船遍布湖面，使游人尽享水上美景。园内首台大型游艺机“摇摆锤”刺激惊险。公园内四季有花，春有郁金香花展，夏有荷花节，秋有菊花展，冬有蜡梅节，各种主题游园活动接连不断。水上公园以其独特的文化底蕴吸引着八方游客。据统计，游客高峰期一年多达 300 多万人次，日高峰可达 10 多万人次。

天津市政府自 2008

年年底开始投资数亿元，重新整修了水上公园，除翻新已有的景观外，还增添了南方园林的一些特色景观，一定会使您耳目一新。

攻略

交通：可乘859、849、643、12、观光2路公交车到水上公园站即可。

海河上的“桥”

推荐理由

海河是天津旅游的重心。海河两岸高楼林立，海河上的桥梁各具特色，仅中心地段就已达到 20 多座。夜色降临，华灯初上，皓月当空，海河上的桥与两岸建筑群的灯光交相辉映，流光溢彩，如梦如幻，使人陶醉。达沃斯论坛主席施瓦布先生深有感触地说：“这里的色彩精美绝伦，这么美的景色我很少看过，比塞纳河还美，我为天津市民感到骄傲、自豪和幸福。”

天津是中国北方最大的水城，历史上称为九河下梢。天津历代就是“地当九河要津，路通七省舟车”的要冲。

天津是个水城又是个历史名城，中央对天津寄予极大希望，明确地提出：“天津的希望在河，潜力在海。海河是这座城市的灵魂。”天津城的历史文化定位应是“天津运河文化”“码头文化”“海洋文化”。

天津城已经有 600 多年历史，但桥梁史在天津却不过 200 年。清康熙五十四年（1715 年）在西沽建起了第一座浮桥，后陆续增加了北大关浮桥、东浮桥、水梯子、老龙头浮桥等。康熙年间称“浮梁驰渡”为天津八景之一。

在天津，真正的桥梁出现在 1888 年，清直隶总督李鸿章将浮桥改建成西式铁桥，取名为“金华桥”。1905 年重建的“金华桥”移址到北大关，仍称“金华桥”。21 世纪初期在旧桥的基础上桥面加宽了，仍在使用之中。

海河上的首座桥——金钢桥

清光绪29年（1903年），直隶总督袁世凯将窑洼浮桥改建成钢桥，命名为“金钢桥”，桥长76米，宽6.45米，桥下分了三孔桥基砖砌，桥面为木板结构，可以开启，为“双叶承梁式”，建后因不能载重，于是在下游18米处另建。桥长85.8米，宽17米，两旁各有2米人行道，历经70多载。1996年11月又扩建为双层钢混彩虹拱桥。第二层为机动车双向四车道，半圆形拱式彩虹横跨海河之上。桥最高处可达25.7米。第一层为车人共用桥面双向六车道，桥两侧还有专用人行道。引桥很长，北至天纬路，南与北马路相连接，全长466米。靠水两岸建有阶梯式绿化带，小白杨挺拔碧绿装饰岸边，奇花异草点缀其间。

第二座桥——永乐桥

永乐桥坐落在新三岔河口附近的黄金地段上，远远望去便可看到壮观的巨型摩天轮——“天津之眼”。它的右侧紧靠天津古刹大悲禅院，与中国天津轻纺城毗邻。这个巨大的摩天轮重量达1 000吨。轮体直径为110米，约有35层大楼之高。“天津之眼”的大小已经超过英国泰晤士河畔的“伦敦之眼”，跃居世界第一。

摩天轮安装在大桥的正中央，两旁是双向车道，路面宽30米。摩天轮转动起来与桥上车辆的正常行驶互不影响。轮外装有48个360度透明悬挂式座舱，每个座舱可容纳 8 个人乘坐，可同时供 384 名游客乘坐。摩天轮于 2009 年 4 月正式运营。

第三座桥——狮子林桥

早年这里便是狮子林渡口，后改名为水梯子浮桥码头。从这里过去才是真正的三岔口故地，也是天津最早的发祥地。从元朝时这里就很繁华，元朝诗人张翥诗云："晓日三岔口，连樯集万艘。"清朝诗人崔旭诗云："天津城在西沽头，沽水滔滔入海流。沽上人家千万户，繁荣风景小扬州。"从这两首小诗依稀可以看出当年这里的繁荣景象。

1974 年因修内环线桥面加宽，桥长 97.4 米，负荷载重 20 吨。桥的下方装饰有二龙戏珠等景观。

这座桥后来又提升过，桥头两旁石刻雕塑巨型大雄狮，威卧在桥头，好似时刻环视着来往车辆行人。桥下柱头中央也雕有大雄狮。狮子林桥上狮子共有 1 181 只，是名副其实的狮子林。

第四座桥——金汤桥

金汤桥原来叫东浮桥。这里最早曾是盐关渡口，也叫盐关浮桥，最后改叫东浮桥。东浮桥于 1906 年年底改建成旋转开启钢桥。桥长 76.4 米，宽 10.03 米，由于桥面较窄，桥上来往车辆行人常常出现堵塞现象。后又因桥面太低，汛期出现闷孔，潮水侵入桥面，故于 1970 年重修，桥面抬高 1.2 米。

21世纪初期又进行了彻底改造、扩建。这座桥虽不大，但它是目前国内仅存的三跨平转式开启的钢结构的桥梁，同时也是一座非常有纪念意义的桥。因为在1949年解放天津的战役中，东西两路部队就是在金汤桥上胜利会师的。经整修加固的金汤桥现在不但增加了玻璃引桥，还特别在桥面两头建设了小广场，各树立了两组解放军战士攻城英姿的雕塑，旁边安放了一辆大型装甲车。每逢节假日，钢桥开启，音乐喷泉、火焰灯光等更增强了景观的特色。

第五座桥——进步桥

进步桥是2008年上半年新建的一座纯乳白色金属钢架拱桥。它的建成彻底解决了南马路直达河东意式风情区无路桥通过的历史。这样既方便了来往的船只，又开阔了游人的眼界。岸的东面便是高低错落的欧式小洋楼建筑群。夜幕降临，小洋楼灯火辉煌，闪烁不停，与河水交相辉映，似是进入梦幻世界。西边的引桥直达东南城角的东马路、南马路等中心商业区。

第六座桥——北安桥

北安桥是天津最具特色的一座桥，位于天津早期的渡口。1900年北安桥被意大利人侵占，1938年日本人在海河上修建了一座木桥起名为“新桥”，抗日战争后改称“胜利桥”。新中国成立后胜利桥改建成混凝土木板桥面，改称“北安桥”。起初桥长88米，宽12米，最后又复改为钢筋混凝土桥。21世纪初期随海河的改造，北安桥又

重新架高，装饰成富有欧风汉韵色彩的新桥。在建筑上借鉴了法国塞纳河上亚历山大三世桥的特点，桥头雕像采用了西洋古典表现形式。雕像内容则选取了中国传统题材——青龙、白虎、朱雀、玄武四灵，寓意东南西北四方平安。桥墩雕像为压纹青铜装饰的盘龙。桥栏柱基上为四尊舞姿各异的乐女雕像，她们手中各抱四种不同的乐器——阮、排箫、琵琶、笙，突出了中国古典韵味。她们好似在为过路的行人弹奏一曲韵味悠长的津门往事。

桥北岸左侧为现代化风格的“空中别墅”。正前方为意大利风情区，右侧为世界名人音乐家喷泉公园。晚上喷泉公园、桥上和周围建筑物上五颜六色的霓虹灯相呼应，倒映在桥下的河水中，灿烂辉煌。

第七座桥——大沽桥

大沽桥是由世界著名桥梁设计大师邓文中院士所设计的。桥的构思为“日月拱”，它是由两个不对称的拱圆构成。大拱圆高 39 米，面向东方，象征着“太阳”。小拱圆高 19 米，面向西方，象征着“月亮”。它预示着天津的美好未来与日月同辉。这座桥在 2006 年获得世界著名大奖——尤金菲戈奖。这座桥坐落在天津市中心黄金地段。南岸靠近天津金街的劝业场和天津市环球金融中心。北岸是天津市远洋大厦饭店及天津市电力总公司大楼。这里高楼林立，呈现出大都市的气息。

第八座桥——解放桥

解放桥是曾经的“老龙头浮桥”。这里曾是俄国租界，铁桥建成后直通法国租界地。1927 年重建新桥，称“万国桥”，因为是法租界工部局主持建造的因此又叫“法

国桥”。1946年也曾叫过“中正桥”，1949年新中国成立后才正式改称为“解放桥”。特别是2008年随着天津站的改造，解放桥也进行了彻底的整修，使其重新恢复了开启功能。这种双叶立转开启方式在全国也是独一无二的。整修后解放桥的环境也大为改观。对面是天津市最大最新最现代化的火车站，这里是天津交通的总枢纽。

面向海河站在天津站前广场，首先映入眼帘的便是2009年新建成的津湾广场。这是一个古典欧式风格、气势恢宏的现代化建筑群，是天津市一颗灿烂的水上明珠。

夜色降临，华灯初上，皓月当空，海河波光和津湾广场灯光流影交相辉映，如梦如幻。你会为眼前这座华丽的水上不夜城所倾倒。达沃斯论坛主席施瓦布先生深有感触地说：“海河夜景灯光规划设计得很现代，特别是灯光色彩的搭配、光投角度的运用都很精致，精美绝伦。”

第九座桥——赤峰桥

这里不远处便是过去洋人专用的“大同道渡口”。原赤峰桥旧桥是在20世纪80年代修建的，路面不宽，与李公楼立交桥斜对。新赤峰桥为双向6车道，共24米宽，桥面跨海河直线看最宽处为39.5米，主桥长225米，两侧各有5.5米宽人行横道。2008年7月完工，为国内唯一斜塔双索面弯斜拉桥。主塔为球形建筑物，倾斜63度，高64.923米。在塔顶部还装饰能容纳50人的玻璃箱体平台，游人可乘电梯直达塔顶，俯瞰海河两岸美丽的景象。

第十座桥——金汇桥

金汇桥，又名保定桥，于海河西岸横跨台儿庄路下沉地道，在解放北路落地连接和平区保定道，东岸穿过河东区南站商务区，止于河东区六纬路。这段是天津市金融商务集中发展的中心城区。解放北路沿海河湾一线，在保护历史风貌建筑的基础上，将新建金融中心大厦、金融数字大厦、黄金及外汇市场、产权期货市场、天津商会等大型金融设施。在东站地区建设新型的金融商务集聚区。跨河建设金汇桥，沟通两区，无疑将加速西岸区域的现代化发展。

金汇桥主塔高 50 米，向西倾斜 75 度。桥中心不设桥墩，而是靠 6 根相距 15 米的斜拉索“拽起”桥面。整座桥梁造型简洁，充满了现代气息。桥梁钢混结构，总长 231 米，桥梁主跨长 120 米，道路面积 4 822 平方米。该桥为机非混合桥，机动车道为双向四车道，另外在主桥两侧设有观光人行道。桥面上每隔 20 米一盏的“弯腰”路灯（两面共 50 余盏），形成“环圈”状照明效果，将夜幕下的金汇桥映衬得通体透明，与海河两岸高楼间的霓虹灯交相辉映。最引人注目的是西岸桥头的“风帆”形主塔，它寓意将代表现代化进程的大船带到即将诞生的新兴城市中央商务金融区，天津这一新兴的国际港口大都市正乘风破浪、日益繁荣。

2006 年 10 月 1 日金汇桥通车，对缓解两区交通发挥了积极作用。2007 年金汇桥获得全国“市政金杯示范工程”奖，成为海河上唯一获此殊荣的桥梁。

第十一座桥——大光明桥

新中国成立后这里较早修建了桥梁，1983 年，与十一经路第一座立交桥相连接。

2008 年就在原 30.5 米基础上加宽到 37.8 米，机动车道也由原来的 5 条增加到双向 4 车道共 8 条。大光明桥全长 564.282 米，又抬升了 0.8 米，同时还修建了两条匝道分别沟通海河东路与西路。改造后的大光明桥通行能力大大提升。

2008 年 6 月桥梁整体装修后，大光明桥被装饰成欧式风格，桥两端新建桥头堡。

桥头堡有日、月、星、辰四座大型主题雕塑。这四座雕塑拥有不同寓意：其中“日”象征着如日中天，是生命的源泉；“月”寓意唯美，花好月圆；“星”寓意善良、正直、明朗以及团结协作的精神；“辰”寓意爱与美、理解与公平以及理想、高尚的品质。

第十二座桥——金阜桥

金阜桥全长192米，宽23.5米。该桥采用轻型非对称结构，两侧人行桥与主体桥构成一个三维立体结构。远远望去犹如横跨海河上的“时空隧道”。特别是它的人行道伸出桥主体，呈两个半扇形，好似展翅欲飞的大鹏。到了夜晚，桥上采用内置灯光照明，强光可随外界光线的明暗而变化。光线无论射在水面还是冰面上，都能使桥梁显得宏伟，具有浓郁的现代气息，与周围新型建筑物相得益彰。

金阜桥设计者考虑到了行人交通问题，大大方便了两岸市民通行，主桥专门行驶机动车辆。两侧的曲线人行桥引导行人从海河带状公园通过，从而使车与行人各不相扰，既快捷又安全。桥两旁随着海河的改造，均建起了美丽沿河带状公园，与轻盈现代桥梁进行了有机结合，使这里景观既新颖又独特。

第十三座桥——直沽桥

直沽桥原名奉化桥，是天津市首座中承式、全钢式结构拱桥。全桥有27道飞跨拱，68片钢结构“花瓣”。桥全长257米，每3道拱形成一组跨，夹在三道拱之间的就是花瓣状的钢结构。奉化桥是由法国马克曼朗设计事务所和天津城建设计院联合设

计的。

桥西直通在奉化道上，顺奉化道西行不远就是毛泽东主席唯一一次为公园题名的人民公园。桥东直达河东区主干道——六纬路。元代大直沽漕运皇家“接运厅”和第一座元妃庙也都在这里。

该桥梁设计独特且技术含量较高，融入了国际桥梁文化的理念。其独特的造型优美简洁，宛如撒落在海河上的花瓣，可以说这座桥构成了海河上的又一精品桥梁。

直沽桥的装饰特点是，将一串白色珍珠项链与照明功能有机地结合。尤其是节能功效，比其他桥梁节约用电几十倍，设计师采用了日光灯光源的进口灯具，并与桥体配合得十分协调，开创了天津市桥梁照明史上的先河。

第十四座桥——刘庄浮桥

刘庄浮桥建成通车后对沟通两岸交往、运送工业货物发挥了十分重要的作用，几十年来也曾多次维修加固，由于车辆行人较多，桥上还有小商贩卖鱼卖虾，时有拥堵现象，后又将人行道与汽车道做了分

设。桥下端也做了整修，现成为双立柱索拉桥。两侧桥栏油漆红白相间，把桥旁带状花园装饰一新。由于海河上桥梁不断增多，两岸马路增开拓宽，小刘庄桥通行压力逐步在减轻，但刘庄浮桥继续发挥着不可替代的作用。

第十五座桥——光华桥

光华桥地处过去的挂甲寺杨庄子一带，明代海河截湾时，由河东划入河西。20世纪50年代，这座桥叫作“四新桥”，建于1954年。随着天津海河工程的改造，引桥直达河东光华路上，便从此更名为光华桥。光华桥随海河的改造，整个桥梁又做了较大扩建。桥面改成双向8车道，外加桥两旁较宽敞的人行道，进一步提高了中环线在这一地区的通行能力。桥下端桥体改成拱形结构，既美观又增加了船在海河中的通行能力。

光华桥重新装修后，桥的主跨梁更像一艘巨型“航母”横卧在海河之上，延绵不断的底部装饰与上部栏杆的设计一气呵成，具有现代气息，充分体现了高科技时代的特色，使景观的效应和功能得到了完美统一。

第十六座桥——国泰桥

国泰桥全长396米，双向4车道。其主桥长172米，宽31.5米。除双向机动车道外，单侧人行道宽3米。桥宽度上面的钢桁架拱宽为24.5米，弦拱距离桥面高26米，下弦拱距桥面高22米。国泰桥主桥上部为钢拱结构如一道美丽的彩虹，并用钢索直拉桥身。拱形上部设有观景平台，方便人们登顶观赏海河美丽的景色。

国泰桥装饰后整体以高级灰色为主色调，既简洁又高雅。它的装饰材料都采用了现代风格的材料，呈现出高科技金属质感效果。桥身两侧又新增了两座造型为螺旋状的人行楼梯，分别连接亲水景观堤岸。

第十七座桥——富民桥

富民桥北起兰清道，经富民路跨民安路、海河、台儿庄南路，从大沽南路地铁和快速路高架桥下通过。桥梁全长340.3米，宽40米，双向6车道，富民桥的建成终结了这一地段无桥过河的历史。它为这个地区将来的开发建设承担起重任。

第十八座桥——海津桥

海津桥是天津市区内海河上最末端一座桥，位于天津市河东区和河西区的交界上，从洞庭路穿过到达河东郑庄子天钢路至钢厂旧址，桥下左侧园林绿地旁还放置有天钢炼钢用过的“钢包”以及20世纪专用燃气火车头。它们虽已成为历史，但仍然是新中国成立初期的标志性遗物。

在市中心区段共介绍了18座桥，加上南运河上的金华桥（应是天津第一座桥）和北运河闸口花园快速路上通往西站的小营门钢索斜拉桥，共20座。它们对沟通和发展海河两岸政治、文化、经济发挥着十分重要的作用，已成为海河上不可替代的旅游休闲风景区，美化、净化着城市的环境。

攻略

交通：在天津之眼和古文化街码头乘游船到解放桥每人100元或80元，也可从解放桥乘船去塘沽出海，198元。

津湾广场

推荐理由

津湾广场被誉为中国的威尼斯水城，是天津市一颗璀璨的水上明珠。它的建筑群体为欧式风格，豪华典雅，错落有致。

津湾广场位于天津站对面，紧连海河亲水平台的南岸。过去这里曾是法国的租界地。津湾广场北端紧靠解放桥，西面为解放北路金融一条街，南至赤峰道，东面与赤峰桥相毗连，这里是天津市中心的黄金地段。一座耀眼的欧式现代化新城在海河沿岸拔地而起。首先映入眼帘的是尖尖的塔楼，这是欧式建筑的主要特征。它的设计和装饰沿袭了欧洲传统哥特式风格，塔的中部是可眺望远方的凉亭。塔身四面呈拱券，框架剔透通明。晚间塔尖亮起格外醒目。整个建筑群中的建筑大多为欧式风格的坡顶及窗户，窗户的形状多为长条、圆圈、拱脊式，戏剧化的线条、涡纹与玻璃的有机结合，展示了建筑物的“表情”，特别是华灯初上之时，万窗争明，静静地向人们倾诉着都市的魅力。津湾广场建筑群高低错落、典雅别致，融会了天津的历史、现在和未来。恢宏大气的古典欧式风情，融合了海河两岸历史的建筑格调，从而展现出天津历史文化的深厚底蕴。

津湾广场现代化的商业区，则充分体现了国际化都市独有的时尚气息。该建筑群荟萃了现代化的影剧院、酒吧、商务会所等，并兼纳了多家餐饮娱乐场所以及不同风味的特色小吃。

津湾广场数字化高科技文化消费设施体现了这座城市的品位追求，徜徉在津湾广场不仅是感官上的享受，也是心灵上的愉悦。作为津湾广场标志性建筑，月亮神大剧院最受关注，宽大的舞台突出深入至观众席，能使观众更近距离地与演员交流。目前剧院已承办了数十场大型全景晚会，受到了众多中外观众的赞叹和好评。

中影国际影城配备了目前代表世界最前沿影像技术的IMAX巨幕影厅，银幕高13.5米、宽22米，相当于5层楼的高度。它的影像比传统的电影大10倍，画质细节更加清晰逼真。其水晶般的清晰数字影像使得无论是2D还是3D电影，都展现出了无与伦比的观赏度。观众在这里成为精彩剧情的“参与者”，可以切身感受每一个动感瞬间。中影国际影城自开业以来，吸引了众多的观影者。

津湾广场前期工程17.1万平方米，二期工程为高端商务区，占地面积达7.9万平方米，其中地上建筑约40万平方米，包括高级商务办公、写字楼、高级公寓、酒店、高端会务中心等。津湾广场全部建成后，将完善金融商务办公区、行政办公区、酒店服务区板块功能，并形成以它为核心辐射发散的布局体系。

夜幕降临，华灯初照、皓月当空，海河的波光和津湾广场的灯光相互交织，华章溢彩如梦如幻。无论是泛舟海河，还是登高眺望，你都会为眼前这座华丽的水上不夜城所陶醉。

攻略

交通：天津站为许多公交车的汇合点，通向全市四面八方，外地游客在火车站前广场，就可看到海河对岸的津湾广场。

天津市规划展览馆

推荐理由

展馆气势恢宏，空间通透明亮，展品造型新颖。采用现代化声、光、电三位一体，同步演示系统，使观众如置身于景物之中。天津市规划展览馆已经成为宣传展示天津城市形象的窗口，向世人展示天津在发展经济、改善人民生活等方面的情况。

天津市规划展览馆位于河北区博爱道30号，是一座米黄色的建筑，与北安桥、意式风情街毗邻。地上建筑面积约15 000平方米，其中展厅面积约10 000平方米。展览馆共4层，一至三层为展示区，共分为16个展区。其中第一层设历史展区、总体规划展区、交通规划展区、中心城区规划模型展区、公示区；第二层设滨海新区规划展区、海河规划展区、名城保护规划展区、旅游规划展区、海河之旅影厅；第三层设住房公共设施展区、生态规划展区、环境整治展区、重点地区规划展区、区县展区、城市映像影厅、公众互动参与区等；第四层为办公区。展馆重点突出，线条分明，层次清晰，空间通透敞亮，造型新颖独特。

历史展区

历史展区风格古朴典雅、色调沉稳，群众走入其中，就仿佛游弋在寻幽探古的历史长河中——亲身感受昔日“三岔河口”的沧桑与辉煌。随着一个城市的诞生、演变、发展、腾飞的历史记录，深刻领悟到城乡规划的理念及发展历程，真切感受到天津城市演变和发展的悠长轨迹。

中心城区规划模型展区

中心城区规划模型展区及配套演示系统占据了天津馆的整个共享空间，也是整个展馆最具有吸引力的展区。参观群众站在展馆二楼 VIP 看台，可以看到巨大的 LED 播放屏与模型组成的声光电三位一体同步演示系统，让观众仿佛置身于天津城市飞速发展的建设浪潮中。在强烈的震撼与触动中，天津中心城区 371 平方公里城市远景规划和美好蓝图深植人心。

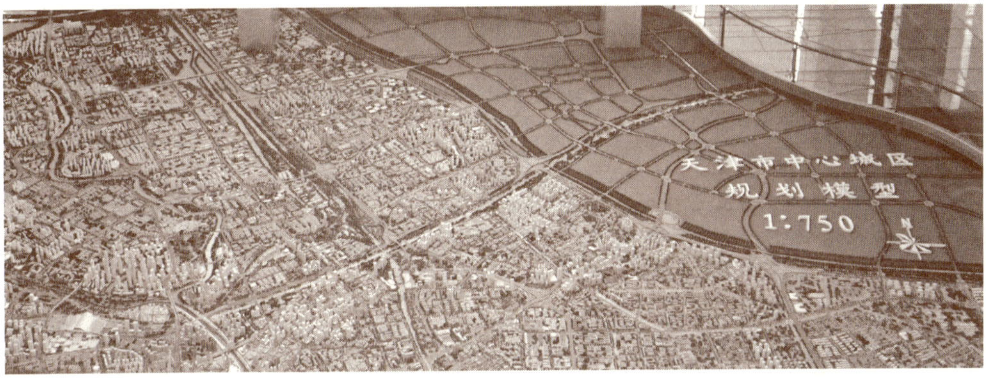

滨海新区规划展区

滨海新区展区是天津馆极富时代特征的展区，参观群众在其中可以形象深刻、全方位地感知滨海新区——这个中国未来第三经济增长体详细清晰的规划远景和发展蓝图。

海河之旅影厅

影厅运用 180 度弧幕、动感座椅、环绕音响等高科技手段，强烈震撼观众的听觉、视觉和触觉神经，观众可以全方位体验海河泛舟、城市漫步的真切感受，深刻领会到海河之美。

城市映像影厅

城市映像影厅设置了 180 度弧幕，体量宽大、视野开阔。8 分钟的影片——《腾飞的天津》使观众可以形象具体地把握天津城市总体规划方方面面的情况，深刻地感受天津建城600年以来的发展历程，清晰地触摸当代天津飞速发展的时代脉搏，自豪地展望天津未来发展的雄伟蓝图。

公众互动参与区

公众互动参与区通过多通道投影、触摸屏等高科技手法的运用给每一位进入展区的参观者留下了深刻的印象。这里开辟了天津政务信息查询区，并设置了丰富生动的城市规划小游戏，参观者可以通过亲自动手模拟规划设计，切实体会到城乡规划对城市发展的重要意义。

天津市规划展览馆自2009年1月23日正式对外开放，截至2010年4月30日，规划馆累计接待参观群众1 092 660人，接待中央领导及有关省部级以上领导团体1 708余场，这一年间接待规模居国内规划展览馆第一位。天津市规划展览馆已经成为宣传和展示天津城市形象的窗口以及爱国爱市教育阵地。

著有《中国30年》等著作的美国作家罗伯特·劳伦斯·库恩参观天津市规划展览馆后曾说："这个规划馆比我想象中要大，它气势恢宏，不仅体现在建筑和外观上，而且更重要的是体现了一座城市今后科学的发展方向和发展思想，表现在它对文化的强调、对生态的保护，这些在我看来都是科学发展观的具体体现。"

攻略

交通：乘901、905、836、806、676等公交车至北安桥站下车即可抵达。

利顺德大饭店

推荐理由

天津市第一家大饭店，建于 1863 年，约有 150 年的历史。这里是英租界工部局董事长、商会会长、怡和及高林洋行行长等共同集资兴建的，为当时租界洋行、银行、商家等高层人物的大本营，素有“先有利顺德后有五大道”之说。利顺德大饭店为历史名胜，五星级大酒店。

利顺德大饭店地处天津解放北路、原维多利亚公园对面。建于 1863 年，最初是由英国传教士殷森德为了教民、侨民、士兵能够吃上美味食品而建起的一简易房屋，也作为洋行、货栈、旅馆、饭店之用，最初人们称之为“泥屋、老屋”。直至 1866 年的三年里除传教外仍兼办洋行业务。

1886 年由英国工部局董事长德璀琳、英商会会长狄更生、怡和洋行经理马歇尔以及高林洋行经理高林，在澳籍华人梁炎卿集资下，在老屋的基础上改建了一幢占地 3 200 平方米（建筑面积 6 200 平方米），具有欧洲乡土气息的三层砖木结构的、古典露明式的豪华宾馆。

主楼三层，沿街布置突出主楼，设有地下室，如此形成整个建筑基座和首层的凉台，二层和三层均有通外长廊。砖砌檐口，装饰有多种线条，主楼的转角部位为古城堡式的瞭望塔楼。整个建筑造型轻快、活泼。

利顺德大饭店曾发生过的历史事件

一、利顺德大饭店与洋行的关系密切。继怡和洋行、高林洋行入资之后的七年间很快发展到泰古、仁记、聚利、庆隆、汇昌、菲利浦等 17 家之多洋行入股，不少洋行都是从利顺德大饭店赚钱之后才兴盛起来的。

二、利顺德大饭店与银行的关系紧密。1880 年英国汇丰银行在天津开办时征得了利顺德大饭店股东们的支持，在股东们占有的地皮上兴建了汇丰大楼。从 1886 年后，利顺德大饭店作为天津最豪华、最舒适的宾馆，自然成为这些人们进行娱乐和享受之处。

三、利顺德大饭店发生过的历史事件。1894 年 7 月中日两国发生战争，李鸿章急于求和就叫德璀琳草拟了一份条约内容，李鸿章带着儿子于 1895 年 4 月在德璀琳的参与下，在日本的“马关”签订了《马关条约》。《中法天津条约》《中巴条约》《中葡条约》等也都是在利顺德大饭店起草或签订的。德璀琳在此期间几乎成为中国的外交部部长，他从中攫取了大量的金钱。马场道多处地皮李鸿章给了他，他便又修建了新的跑马场。

四、利顺德大饭店成了北洋军阀的避风港。1908 年慈禧与光绪皇帝先后去世，隆裕太后将光绪临终前写好的“必杀袁世凯”御批亲自交给摄政王载沣。载沣欲为光绪皇帝报仇，决定杀死袁世凯。袁闻讯立即向英驻华公使朱尔典求救，朱立即叫人将袁世凯装扮成英国人，住进了利顺德大饭店，使得袁世凯平安无事。四年后袁世凯窃取了革命成果，摇身一变成为中国第一任大总统。

1922 年大总统徐世昌被直隶军阀赶下台。6 月 2 日徐携家眷先住在利顺德大饭店，后移居在英租界寓所。

1923 年 6 月大总统黎元洪在直系军阀逼迫下住进了利顺德大饭店，后来这里成了他的办公和会客地点，并在这里发布“总统指令”和“总统任命”等。

五、中国革命先驱者孙中山先生曾三次下榻利顺德大饭店。1894 年 28 岁的孙中山第一次北上天津便住在利顺德大饭店，抱着救国救民之心投书李鸿章。碰壁之后，在绝望之中萌发革命思想，致使他去檀香山创立了资产阶级第一个革命团体——“兴中会”。从而揭开了他一生的革命序幕。

1912 年 8 月孙中山不畏危难毅然第二次北上。到京会晤袁世凯，发现袁的骗局。9 月 22 日返回天津住在利顺德大饭店，深有感触地说“放弃南京临时政府是一个巨大的政治错误”。此次思想转变揭开了他以武装反抗北洋军阀，“武力统一中国”的斗争序幕。

1924 年正当孙中山在广东韶关督军出兵北伐之际，收到了冯玉祥“共商国是”的邀请函，遂使孙中山先生第三次北上。到天津后先住在张园，后又转到利顺德大饭店。这次也是他生命最后的 98 天之中的 27 天短暂驻足天津，因而在天津史册上留下了最珍贵的一页。

六、1925 年至 1931 年溥仪在天津“避风”期间就住在利顺德大饭店，后来才住进了张园和静园。他离开利顺德大饭店后每隔一天便与婉容乘车到这里吃冰激凌、刨冰、奶油栗子粉、西餐等。利顺德大饭店还专为他准备了山珍海味等“御膳”。溥仪与婉容在利顺德大饭店用餐后经常穿着西式服装在舞厅跳舞，直到午夜时分才离去。

七、新中国成立后30多年间利顺德大饭店一直是天津接待中外贵宾和游客的主要单位。1984年3月改建饭店，在两座楼的东侧新建了一座现代化的7层豪华大楼。至此，饭店具有了古代、近代、现代中西合壁的三座高楼组成的楼群，建筑面积达到22 000平方米，其中豪华客房、总统套房、标准房共223间。

饭店在餐厅设置方面也独具特色，特别设立了各种特用餐厅，如“翠亨村”以孙中山诞生地命名，特别提供先生当年喜欢的粤菜佳肴。

“文都乡”：十世班禅大师曾住过这里。此厅提供全素佳肴，具有藏式风格。这里还装饰有文成公主进藏时的画作。

“兰芳轩”内特供中国著名京剧大师梅兰芳先生最称赞的利顺德大饭店传统淮扬菜。而且厅内摆放有《天女散花》《霸王别姬》《梁红玉》等系列画艺，可回味梅先生舞台艺术的高深造诣。

“海天野趣”可提供海鲜、野味和时令佳肴。

“凯旋咖啡厅”可举办中西高档宴会，是贵宾会见、贸易洽谈的最佳地点。

还有两厅一廊“马可波罗西餐厅”“泰晤士咖啡厅”和“刘玲酒廊”可满足宾客的各种需求。

近几十年来世界中外名人、贵宾驻足于此，致使饭店四壁生辉，其中有孙中山、宋庆龄、黄兴、宋教仁、周恩来、李先念、王震、乌兰夫、十世班禅、李济深、屈武、阿沛阿旺晋美、廖承志、蔡锷、陈嘉庚、梅兰芳以及末代皇帝溥仪偕皇后、袁世凯、段祺瑞、梁启超、汪精卫、张作霖等。著名外国贵宾缅甸前总理吴奴、波兰前议会主席西伦凯维兹、捷克前总统罗基以及美国第31届总统胡佛等。

特别是1990至1991两年间，利顺德大饭店因管理服务上乘、优质被评为第15、16届国际旅游酒店业杰出饭店，荣获“金牛奖”这一世界级大奖。

八、自2010年以后利顺德大饭店又投资2亿多元进行改造。修旧如旧，尽量恢复1863年始建风貌，保留原有的老电梯、壁炉和名人套房，家具保留英式风格。另外还新辟1 000平方米文物展厅，展品有意大利文艺复兴式雕花长椅，英文账本，日式理发椅，溥仪和婉容用过的留声机，宋庆龄、赵四小姐弹过的老式钢琴等，都是珍贵的历史文物。

攻略

利顺德大饭店改造后，既是五星级大酒店，又是一个历史文物珍藏众多的展馆。它对了解、认识天津的历史大有帮助。现准备申报国家4A级景区。它与五大道小洋楼一起共同构成内容更充实、更丰富、更完美的小洋楼风景区。

解放北路金融一条街

推荐理由

新中国成立前外国人在这里开设了许多洋行、银行、钱庄、银号等，最多时达二三百家，俗称“东方华尔街”。金融一条街为市级特殊保护建筑物。

这条街贯穿天津市和平、河西两个区界，是天津市第一条柏油马路。新中国成立前是帝国主义在华进行侵略活动的中心，外国的洋行、银行、钱庄、银号多集中在这里。

这里建筑大都是钢混结构，古典主义建筑风格，气势雄伟壮观、豪华典雅。英国在天津建立的汇丰银行，坐落在今解放北路82号，为天津第一家外商银行，该大楼建于1925年，由英商爱迪克生和达拉斯工程司设计，钢混结构三层楼房。

总建筑面积 5 539 平方米，大厅屋顶均为卷柱式结构。正面及侧面矗立 12 根巨大的爱奥尼石柱，属于典型的古典主义风格。

1895 年又在解放北路设立了英资麦加利银行，坐落在今解放北路 153 号，现存建筑建于 1926 年，为二层钢混结构。占地面积 2 259 平方米，建筑面积 5 933 平方米。建筑主入口由六根大型爱奥尼式巨柱形成敞开柱廊，气势雄伟庄严，是典型的古典主义风格。

英国于 1866 年开设太古洋行，坐落于今解放北路 165 号，主要经营进出口贸易和远洋航运等。在 1867 年又开设怡和洋行，今解放北路 157 号。1876 年开设的新泰兴洋行，坐落于今解放北路 100 号，以收购农副土特产和经营房地产业为主要业务。20 多年间仅到达天津的英国船只就逾 3 800 艘，使大批的洋货流入天津。另外英国还独揽了天津的海运大权，并投资修建铁路、开办自来水公司等。

在解放北路开办的银行还有法国的中法工商银行（今解放北路 78 号），两侧通廊沿弧线布设有 10 根科林斯巨柱，建筑高大雄伟。造型典雅别致，具有浓厚的古典主义风格。

今解放北路 80 号原为日本的横滨正金银行，于 1926 年建成，建筑造型稳重华丽。其正面是由 8 根科林斯巨柱构成的开敞柱廊，有典型的古典主义风格。该建筑现为中国银行天津分行所用。

今解放北路 90 号原为美国的花旗银行，于 1916 年开业，门前有四根巨大爱奥尼石柱构成开敞柱廊。现为中国农业银行所用。

俄国在解放北路126号上也建起了华俄道胜银行，于1896年开业，该建筑建于1900年，两层砖木结构，为具有浓郁俄罗斯风格的古典主义建筑。

在解放北路上的还有原东方汇理银行（解放北路77号）、原华义银行（解放北路95号，现为兴业银行）、原朝鲜银行（解放北路99号）、原中央银行（解放北路117号，现为中国人民银行）、原四行储蓄会大楼（解放北路147号，现为中国工商银行）、原金城银行（解放北路110号）、原中南银行（解放北路88号，现为中国建设银行）等。

攻略

交通：乘13、953路公交车到赤峰道站下车可游览解放北路金融一条街。

推荐理由

1878年3月经清政府批准，当时直隶总督兼北洋大臣李鸿章和中国海关总税务司英国人赫德指派天津海关税务司英籍德国人德璀琳于当年3月23日在津海新关大公事房内创办了“天津海关书信馆”，同年7月发行了中国第一套邮票——大龙邮票。1880年改名为“天津海关拨驷达局”，1912年改为“中华邮政”。由近代至现代，天津邮政共经历了130多年，馆内珍藏了多件邮政稀世珍品，对了解中国邮政历史具有重要的历史价值。

天津邮政博物馆

天津邮政博物馆是在大清邮政津局旧址上（今天津市和平区解放路111号）辟建而成的。这座欧式风格建筑，历史上曾是清代海关试办邮政时海关邮局及“大清邮政津局”的所在地，旧称“天津海关拨驷达局”，是当时海关邮政的总部。“大清邮政津局”大楼是近代中国邮政史上珍贵的建筑文物，是中国近代邮政创建和发展的历史见证。

天津邮政博物馆的馆藏包括了秦汉时期的“车辙石”、唐代的“砖画”、近代邮政创办初期的“总理衙门”实寄封、中华邮政时期的“运邮马车”等珍贵文物以及大量邮票和集邮品，其中不乏中国首套邮票——大龙邮票等历史珍邮。这些文物的展出将使天津邮政博物馆在展品内容、展出规模上位于全国前列。天津邮政博物馆也是天津地区唯一一座行业性质的博物馆，对宣传和塑造邮政文化，提升邮政品牌形象都将起到积极的推动作用。

2010年10月9日，天津邮政博物馆正式落成、开放。邮政博物馆的建成，可以为集邮爱好者提供一个参观学习的场所，成为天津一处新的旅游景点。在塑造近代中国邮政发源地天津形象的同时，也将以邮政独有的方式进一步扩大中国邮政在海内外的美誉度和影响力，提升邮政的整体品牌形象。

中国第一个邮局的由来

天津是中国近代邮政的发源地，也曾是中国近代邮务管理中心和邮运组织中心。1878 年 3 月 9 日，经清政府批准，受直隶总督兼北洋大臣李鸿章和中国海关总税务司英国人赫德指派，天津海关税务司英籍德国人德璀琳于当年 3 月 23 日在津海新关大公事房内 (现营口道 2 号) 创办了“天津海关书信馆”，开始收寄中外公众邮件，这是中国最早出现的邮政机构。同年 7 月向全国发行了中国第一套邮票——大龙邮票。1880 年 1 月 11 日书信馆改名为“天津海关拨驷达局”。1884 年迁入现今博物馆处办公。1897 年 2 月 2 日改名为“大清邮政津局”。1906 年清政府设立“邮传部”。1911 年“邮传部”接管邮政，邮政从此脱离海关，成为独立的系统。1912 年“大清邮政”改名为“中华邮政”。

从近代到现代天津邮政 130 多年的发展变化，馆内均有实物及照片以及集邮珍贵展品来反映各个时间的不同。通过参观既能了解中国和天津的邮政历史，又能看到价值连城的稀世邮政珍品。

天津邮政博物馆的珍藏

1.1878 年清代中国海关造册处德籍雇员费拉尔留下的手稿，是中国邮政史上珍贵的文物史料。（价值无法估量，被封存一个多世纪后于 1991 年重见天日。曾在 2003 年四川绵阳亚洲邮展上展出，两名武警荷枪实弹 24 小时守护。）

2.1911 年先后发行的大龙邮票、小龙邮票。

3. 慈禧寿辰纪念邮票。

4. 红印花小字当壹圆。其四方连邮票素有“华邮之王”的美誉。(1897 年，大清邮政成立不久，因开办汇兑业务，缺少高面值邮票，便将上海海关造册处保存未用的三分印花税票临时作为邮票，存世量仅 33 枚，加盖八卦戳的旧票仅一枚，为传世孤品。)

5. 古代“车辙石”。秦汉时期河北省井陉古驿道的“车辙石”，比罗马古道还要早一个多世纪。

其他还收藏有刻有“邮”字清邮政工作服，以及各种信差马甲、大清邮戳、收件人回执等。

攻略

交通：乘 50、96、902 路公交车可到。

附近景点：解放北路金融一条街、天津津湾广场、劝业场、金街。可在津湾广场用餐。

大沽口炮台

推荐理由

中国近代史上有“南有虎门，北有大沽”的说法。从1840年到1900年间帝国主义列强先后四次对大沽口炮台发动进攻。他们依仗“船坚炮利”把大沽地区置于其铁蹄蹂躏之下，烧杀抢掠，无恶不作。在侵略者枪炮威逼下，清政府签订了丧权辱国的《辛丑条约》，被迫将大沽口炮台拆除，并赔偿白银四亿五千万两。天津大沽口炮台为全国重点文物保护单位。

大沽口炮台位于天津港南侧，东临渤海，从1840年到1900年整整60年间，帝国主义列强先后四次对大沽口炮台发动进攻。《辛丑条约》签订后，清政府被迫将大沽口炮台拆毁。现保存较好的只有“威”字、“海”字两座老炮台的遗址，其他炮台已荡然无存。

大沽口炮台的形成、分布及结构

1816年，清政府在大沽口南北两岸各建一圆形炮台。炮台内用木料、外用青砖砌成，白灰灌浆，非常坚固。高度约一丈五尺，宽九尺，进深六尺，这是大沽口最早的炮台。第一次鸦片战争后对炮台进行维修加固。至道光二十一年（1841年）已建成炮台5座，土炮台12座，土垒13座。就此组成了大沽口炮台群，形成较为完整的军事防御体系。清咸丰八年（1858年）僧格林沁钦差大臣镇守大沽口，对炮台进行全面整修，再建炮台5座，其中3座在南岸，2座在北岸。分别以“威”“镇”“海”“门”“高”五字命名，寓意炮台威风凛凛镇守在大海门户的高处。还有一座炮台在北岸石壁之上，称“石头缝儿炮台”。每座炮台设大炮3门，另有小炮台25座。这个时期修建的炮台较前期有很大的改进，用木材青砖砌成后，外又加两尺厚的三合土砸实，炮弹打中只能打出一浅洞，炮台的高度、宽度、厚度上都做了加固。外形上出现了方、圆两大类。清同治九年（1870年）李鸿章出任直隶总督兼北洋大臣后，对炮台又进行了加固，同时增建了平炮台3座。光绪元年（1875年）清政府再次对炮台进行整修和扩建，从欧洲购买了铁甲快船、水雷船等装备，使大沽口成为抗击帝国主义侵略的重要军事海防要塞。

大沽口炮台在四次保卫战中所显示的威力

第一次大沽口保卫战是在1858年1月。英法联军公开叫嚣直接占领天津才能威胁北京。5月份英法联军向大沽口炮台发起进攻，守台将士奋起反抗，当即击沉敌舢板4只，毙敌近百名。法军炮舰“霰弹”号受重创，舰长被击毙。正当将士与敌人艰苦鏖战之际，直隶总督谭廷襄等二人临阵脱逃，守军士气大挫，英法帝国乘机攻取了大沽口炮台。中国的北方大门第一次被帝国主义用大炮轰开了，清政府被迫同英、法、俄、美签订了不平等的《天津条约》。

第二次大沽口海战是在1859年6月。英法美三国公使借口到北京交换条约文本，英法联军执意从大沽口登陆，并武装护送公使进京，并于6月25日下午炮轰了我大沽口炮台。中国军队被迫开炮自卫，新修建的大炮发挥了强大的威力，结果侵略者完全失败，只得退却，并在战斗中损失三艘英国战舰。联军死伤464人，其中军官死5人，伤23人。这是第一次鸦片战争以来，中国军队抗击外国侵略者最大的一次胜利。

第三次大沽口之战是在1860年8月。英法两国纠集了25 000多军人入侵大沽口，并首先在北塘登陆，包抄大沽口炮台。由于投降派出卖，加之两面夹攻，致使大沽口炮台失陷。天津和北京的通州也沦入敌手。9月咸丰皇帝逃往热河，10月英法联军侵占北京圆明园，洗劫后放火焚毁了这座世上少有的壮丽的宫殿和园林。英军撤退时，还掠走了大沽口炮台两门大炮。其中一门炮上刻有“神威将军”，其铸于康熙二十八年，可装火药875克，能发射1 750克的铁球。现今这门大炮仍保存在英国伦敦。

1900年八国联军由大沽口入侵中国，挑起了第四次大沽口之战。由于清统治者采取不抵抗政策，守台将士虽浴血奋战，但终因没有援军而寡不敌众，无数爱国军民为抗击侵略者壮烈献身，其中以民族英雄史荣椿、副将龙汝元为代表。大沽口炮台失陷后清统治者离京出逃至西安。最终，清政府与英、美、法、俄、意、奥、日、比、荷等9国签订了丧权辱国的《辛丑条约》。大沽口炮台也从此被拆除，并赔偿四亿五千万两白银，39年还清，连同四厘年息共计九亿八千万两白银。

近百年来，大沽口炮台饱经沧桑，几经兴废，它是帝国主义者侵略中国的铁证，也是中国人民浴血奋战、抗击帝国主义者的历史见证。古往今来，无数仁人志士到此凭吊，激发爱国主义热情。

攻略

大沽口炮台扩建后大门口挂有"大沽口炮台遗址博物馆"大牌匾，院内分两大部分，新建的遗址博物馆规模很大，内容非常丰富，另一部分就是原来大沽口炮台遗址保存下来的铁炮。院内并排3门，炮台上面带铁圈轨道的为最大的一门，它前方土台垛口上还有六七门旧炮，至今仍面向大海。进院后最好先参观博物馆，之后参观遗址。

交通：从天津河东区中山门或天津站乘轻轨在塘沽站下，然后换乘110路公交车在大沽口炮台下车即可。

北洋水师大沽船坞遗址纪念馆

推荐理由

北洋水师大沽船坞建于晚清后期，是李鸿章奏请光绪皇帝批准修建的，先后从德国、英国购买了舰船及所需要的机床等重要设备。1900 年后，船坞里建造出中国第一艘潜水艇以及飞艇、炮艇，又仿造了一磅后膛炮、机关枪、步枪、手枪、水雷等先进的武器。

北洋水师大沽船坞遗址纪念馆位于塘沽区大沽坞路 27 号天津市船厂内，占地面积 1 200 平方米，展厅面积 1 000 平方米。2000 年 5 月动工，2000 年 10 月建成，于 2000 年 10 月 28 日北洋水师大沽船坞建坞 120 周年之际，

正式对外开放。馆内展出了大量图片和实物模型，生动展现了大沽船坞建坞的艰辛与曲折以及为中国海防做出的不可磨灭的贡献。

北洋水师大沽船坞与大沽口炮台相距仅1.5公里，建于1880年，是“洋务运动”时期清代北洋水师舰船维修基地，也是经李鸿章奏请光绪帝批准而建的中国北方第一家近代船舶修造厂。同时也是为了便利北洋水师各种舰船修理，以利海战需要，在清政府的支持下，继福建马尾船政、上海船坞之后，在北方创立的第一个重要的军火生产基地。它是中国北方近代工业的摇篮，培养了中国北方第一代产业工人。

北洋水师大沽船坞又称海神庙船坞。大沽船坞建成后又陆续建设了6个大小不同的船坞，成为北洋海军舰队的第一个维修基地。北洋水师2 000吨以下的船只均在此进坞大修。中日甲午海战中，大沽船坞日夜为北洋水师赶修舰船，发挥了重要作用。1886年，中国海军第一艘潜水艇在这里研制成功，后又制造出中国首批仿德一磅后膛炮、马克西姆重机枪、大沽造步枪、水雷等。大沽造步枪还广泛应用于后来的抗日战争和民族解放战争。

大沽船坞有着光荣的历史，北洋水师著名将领邓世昌指挥的“致远”舰等18艘舰船都在坞中修理过。大沽船坞与北洋水师一道，为抵御外来侵略，捍卫民族尊严做出了不可磨灭的贡献。北洋水师大沽船坞遗址纪念馆的前厅约200平方米，展厅约600平方米，实物展区约200平方米，展现出其在历史上的重要作用和120年来的发展。纪念馆收集了建坞初期从国外引进的机床、带缆桩、海神庙鼍龙等文物，展现出百年船坞的原始风貌。

攻略

交通：天津市区乘坐轻轨在塘沽火车站下车，换乘110路公交车，在大沽船坞纪念馆下车。

附近景点：极地海洋世界，潮音寺，大沽口炮台。

吕祖堂

推荐理由

天津吕祖堂是全国重点文物保护单位，义和团运动在天津抗击帝国主义者的唯一纪念馆。馆内陈列有义和团首领曹福田、张德成、林黑儿、刘呈祥等人的塑像，反映出他们所领导的义和团在天津反击帝国主义者的壮观场面。

吕祖堂坐落在天津市红桥区芥园道如意庵大街吕祖堂胡同16号。始建于明代宣德八年，原为吕洞宾的道观。清康熙五十八年修建后，定名为“吕祖堂”。主要建筑有山门、前殿、后殿、五仙堂，占地1 300平方米，建筑面积600平方米。

走进吕祖堂大院，醒目的“五仙堂”横匾映入眼帘，室内陈设庄严肃穆。曹福田、张德成、林黑儿、刘呈祥等义和团首领的塑像栩栩如生，再现着他们当年议事的场景。纪念馆前殿存有大量的文字、照片，这些翔实的文献记录着当年义和团勇士们的战斗足迹。

义和团运动在天津的兴起

1894年中日甲午战争是中国近代史上的一次重大转折，它的失败给中国人民敲响了警钟，最终掀起了国人的民族救亡运动。1900年义和团运动兴起，各地义和团纷纷进入天津，义和团首领曹福田率领盐山、庆云、静海等义和团将士到达天津，将总坛口设在“吕祖堂”内。义和团在天津得到了很快的发展，先后共设坛口三四十处，人数增加到 10 000 多人。义和团几位首领经常来吕祖堂聚义拜坛，共商对敌斗争的战略、战术。当时的口号是“八千十万神兵起，扫灭洋人世界新”。

义和团战火烧遍津城

义和团运动风起云涌，先后在老龙头火车站、紫竹林、大沽口炮台、京津铁路沿线等战役中勇敢抗击八国联军，使敌军死亡惨重。

为减缓义和团与清军对租界的炮火压力，一部分侵略军从租界迂回到天津西南，包抄了聂士成部的后路，使聂士成腹背受敌。在敌人的夹击下，聂士成部退至八里台桥外，继续同侵略军激战，但聂士成不幸中弹牺牲。今八里台聂公桥就是为纪念聂士成而命名的，这里还雕塑了聂公的遗像。

后经过激烈的巷战，义和团寡不敌众只好撤出天津城。侵略军进城后，在市中心的鼓楼上用机枪猛烈射击，使市民死伤惨重。之后，清政府被迫将城厢地区划分成 8 个区由八国分管。至此，义和团运动以失败结尾退出了历史舞台，但它对天津乃至全国所产生的影响非常大。

吕祖堂是义和团运动在天津乃至全国保存至今的唯一的一处文物遗址，是千千万万中国人民反对外来侵略者斗争的一个缩影。新中国成立后得到人民政府的保护，1962 年被列为天津市重点保护文物，1982 年，被列为国家重点保护文物。

攻略

纪念馆规模不大，进门顺序参观即可。

交通：乘公交 856、865、52、634 路可达。

意式风情街

推荐理由

这里是一个占地 791 亩，以罗马风格意式建筑为主的园区。这里有多家名人故居，中心为马可波罗广场，街上有各家意式、法式餐馆及俱乐部、电影院、各类艺术展馆等。开园以来，中外游客络绎不绝。

意式风情街位于河北区海河北安桥以东，胜利路、民族路、自由道、光复道之间。中心马可波罗广场，女神像矗立柱头之上，周边喷泉环绕。1902 年辟为意租界，占地 791 亩，这里的建筑多为罗马风格，受文艺复兴思潮影响，装饰考究多样化。以女神别墅为例，房顶大平台，上部建有方亭。连拱垂柱点缀，坡顶、屋檐、门窗、室内装饰豪华新颖。

意式风情街以意、法等异国风情的美味佳肴遍布园区各个角落。店铺门前装饰鲜艳夺目，帐篷下的餐桌各

具特色，五颜六色的香槟美酒，加上音乐伴奏，如同身处异国他乡。

集中在园区街道上的堡康利西餐厅、布鲁达红酒房、普鲁斯西餐厅等，备有颇具特色的法式、意式、德式私房菜。巴伐利亚啤酒坊备有德式、美式烤肉，风味独特，为天津达沃斯论坛推荐单位。园区内还有具有天津特色的成桂西餐厅、巴提雅泰国风味美食等。

园区内最引人注目的是坐落在民族路上69号的“女神别墅”，这是张鸣岐寓所，罗马风格庭院别墅。别墅为砖木混合结构，整体乳白色，四联拱卷扇形阳台。它的一角为意式四面剔透方角，独具特色。（风格相似的小洋楼共5座，环绕于马可波罗广场四周）别墅主人张鸣岐曾任过两广总督，抗日战争期间公开投敌，1945年日本投降后不久死亡。

坐落在民族路44—46号的两座意式小洋楼为梁启超故居和他的“饮冰室”，这里已正式对外开放。曹禺故居坐落在民主道23号，两座二层小洋楼，曹禺的幼年时期是在这里度过的。展馆内展出了曹禺作品《日出》《北京人》等剧照及其生前好友等珍贵照片，游客还可以参观到其当时家庭陈设的物品。展馆2010年5月正式对外开放。

汤玉麟故居坐落在民主道38号，为意大利文艺复兴风格，外墙呈巴洛克装饰，像一座富丽堂皇的小型宫殿。在园区还有曹锟故居，也在民主道上，后来此楼供其亲属使用。他另一所故居在和平区南海路上。

攻略

交通：意式风情街专设公交站点，有多条线路从此通过，如5、8、27、634、635、638、639、645、663、672、676、802、806、832、836、901、925、961路公交车等。

天津大学

推荐理由

天津大学的前身为北洋大学，为皇家批准的西学学堂，以美国哈佛、耶鲁大学为蓝本，以美籍丁家立为总教习，教师均以美、英、法、日、德、俄人为主。1938 年组成国立西北工学院，1946 年在津复校，1951 年北洋大学与河北工学院合并，定名为天津大学，1952 年经调整成为全国最大的工科大学之一。1959 年被国家确定为首批国家重点大学之一，为 985、211 院校。

北洋大学创建于 1895 年 10 月 2 日，是以美国哈佛大学、耶鲁大学为蓝本，以学习外国先进科学技术为主旨的西学学堂。教师多聘请美、英、法、日、德、俄等国的教师。盛宣怀为北洋大学第一任校长。1900 年八国联军入侵天津，校舍被德军所占。1903 年 4 月由袁世凯批准在西沽重建校舍。1937 年校舍被日寇侵占后，入陕联合组成国立西北工学院。1943 年在浙江建国立北洋工学院。1946 年在天津西沽复校，设理、工类学院共 12 个系。1951 年北洋大学与河北工学院合并，1952 年院系调整，成为全国规模最大的工科大学之一，后迁址七里台。天津大学是 1959 年国家首批确定的 16 所国家重点大学之一。

目前，学校共有中国科学院院士 5 人，中国工程院院士 9 人，国家千人计划入选者 40 人，天津市千人计划入选者 106 人，长江学者 42 人，国家杰出青年基金获得者 22 人。

天津大学的发展得到了党和国家主要领导人的热情关怀和有力支持，毛泽东、周恩来、邓小平、江泽民、胡锦涛等同志曾先后亲临学校视察。

天津大学建校以来，为祖国培养了18万余名高层次人才，为我国近代工业体系的创立和现代经济社会的发展做出了不可磨灭的贡献。革命先驱张太雷、经济学家马寅初、著名法学家赵天麟、桥梁专家茅以升、机械学家刘仙洲、化工专家侯德榜及“两弹一星”功臣吴自良、姚树人等均为天津大学毕业生。特别引人注目的是，2008年北京奥运会场馆建设中天津大学学子成功“会师”：崔愷（中国建筑设计研究院奥运项目总指挥）、李兴钢（国家体育场“鸟巢”中方设计师）、赵小钧（国家游泳中心“水立方”中方总设计师）等十余位领军人物均为天津大学毕业生。

攻略

交通：乘8、628、658、675、855、832路公交车至七里台站可达。

南开大学

推荐理由

南开大学是著名的教育家张伯苓和严范孙在创办南开中学的基础上于1919年创建的。抗战期间与清华、北大在昆明组成举世闻名的西南联合大学。南开大学建校90多年来培养出以陈省身、吴大猷、曹禺、郭永怀、刘东生等为代表的一大批杰出人才，为民族振兴和国家富强做出了突出贡献。

南开大学秉承“允公允能、日新月异”的校训，弘扬“爱国、敬业、创新、乐群”的光荣传统，培养了以陈省身、吴大猷、曹禺、郭永怀、刘东生等为代表的一大批杰出人才。

南开大学占地456.1万平方米，建筑面积136.8万平方米。除主校区外，还建有津南校区、迎水道校区、泰达校区、紫金山路校区等，形成了一校多区、协调互动、全面发展的格局。

南开大学既是教学中心，又是科研中心，取得了一批国内外公认的优秀科研成果，

为国家和地方经济社会发展做出了贡献。一些南开大学毕业生已成为国家有关部委和地方政府的“智囊团”和“人才库”。

南开大学不断强化学生全面素质和创新能力的培养，重视“文以治国、理以强国、商以富国”的办学理念，把课堂教学与社会实践的有机结合作为育人的基本环节，以杰出校友周恩来为楷模，着力塑造学生健全人格、高尚品德、创新精神和实践能力。

南开大学有着广泛的国际影响，与国际知名的一百多所大学和国际学术机构建立了合作与交流关系。诺贝尔奖获得者杨振宁、李政道、丁肇中、罗伯特·蒙代尔及美国前国务卿基辛格、韩国前任总统金大中、法国前总理洛朗·法比尤斯等均被聘为该校名誉教授。

攻略

交通：乘8、628、658、675、855、832路公交车至八里台站可达。

张园

推荐理由

这里是一座意大利古典风格、罗马砖木结构的三层豪华庭院别墅，人称张园，为湖北总兵张彪故居。1924 年 12 月孙中山先生北上，在这里住了 27 天。1925 年至 1929 年末代皇帝溥仪住进张园，这里常有一些清朝老臣、政要及天津军阀政客前来拜访。张园为天津市重点文物保护单位。

张园位于天津市和平区鞍山道 59 号，其主人张彪，山西榆次县人，生于 1860 年，幼年随舅父到太原学过刻字、裱糊等，后来拜五台山刘师父习武多年，得中武举人。1882 年任山西巡抚张之洞随侍。张之洞在湖北提升张为总兵、提督，第八镇统制。1911 年 11 月张彪率兵攻打武昌时，因袁世凯来电不准擅攻武昌，调他任“后路总粮台”。张彪辞职未就，以暂时入院养病为由，辞去了湖北的一切职务。他去日本住了 8 个月后，回国定居天津。

1915 年张彪在此地购置了土地，建起了一栋三层豪华别墅，为意大利古典风格，罗马砖木结构，其楼房四周长廊围绕，入楼门处有十几级台阶，均为高级木料建构。与坐南朝北的西式平房相连，形成丁字形大客厅。楼西北角突出别致的尖顶角楼，独具特色。院内有假山、引水池，并种植了各种花木。因主人姓张，人们称为“张园”。

1924年12月4日至31日伟大的民主革命家孙中山先生曾住在这里27天，并在这里发布了《孙中山到津之后宣言》的长文，还在此草拟了建国25条主张。

已是肝癌晚期的孙中山先生住在此处的27天之中，在张园的病榻上接见了日本驻津总领事吉田茂、记者藤泽山内、江崎西村以及卢永祥、张作霖、黎元洪等20多人，并以大元帅的名义发出指令、训令118件之多。

1924年12月31日上午10时，雪后孙中山偕夫人宋庆龄及随行人员从张园起身至天津东站乘专车入京，各界代表齐聚东站欢送。

末代皇帝溥仪在张园

溥仪在1925年至1931年曾在张园、静园居住。在张园，溥仪和婉容住二楼，文绣住一楼会客厅南边的一间房，当时住在天津的遗老遗少均来问候。曾任户部尚书、兵部尚书、军机大臣的白铁良，外务部尚书吕海寰、华世奎，刘嘉琛，常来问候并送硬木家具的广东水师提督李准等，还有每日恭候在园中的罗振玉、郑孝胥、朱汝珍，贝勒戴涛以及记者常常遍布园中各亭台楼榭，把整个别墅搞得热闹异常。

溥仪在张园的5年间，除与部分清代遗老往来外，还与一些军阀政客、外国使领馆要员常有接触，如军阀张作霖等就曾登门拜访。

在张园虽比不上紫禁城，但对溥仪来说，生活却随意了许多，穿戴袍子马褂，且多是西装。溥仪常出入租界高端娱乐场所，他的花销仍然奢侈无度。据记载仅在天津每月开支就高达一万六千多元（还不算收买军阀的钱）。婉容本就是天津的大小姐，花销费用比溥仪还多。据溥仪说，他从宫里弄出来一大批财物，一部分换了钱，一部分储存在外国银行生息，还有一部分变为每月房产租金。

1929年7月9日溥仪从张园搬出。

攻略

交通：乘1、610、611、619、652、693、846、860、904、962路公交车至哈密道站下车即可。

静园

推荐理由

爱新觉罗·溥仪退位后，在天津原日租界的张园和静园做寓公七年，张园的旧宅已付之一炬，静园是溥仪在津居住的唯一物证。静园见证了溥仪寓居天津的后期，一方面声色犬马、尽情享受现代生活的场景，一方面极尽能事、意欲复辟大清的活动。静园是研究溥仪从皇帝到公民传奇一生的重要场所，也是天津市特殊保护级别历史风貌建筑天津市文物保护单位。

静园，位于天津市和平区鞍山道70号（原日租界宫岛街），始建于1921年。静园初名乾园，为北洋政府驻日公使陆宗舆私宅，1929年7月，末代皇帝溥仪携皇后婉容、淑妃文绣迁居于此，更名为“静园”，意在静观时局，静待时机。静园占地面积约3 016平米，建筑面积约1 900平米，园内建有折中主义砖木结构楼房一座，融西班牙式和日式风格于一体，草木葱郁，静谧宜人，是天津租界时期庭院式私人宅邸的典型代表。

1929年至1931年间，静园成为溥仪在天津时期实现“复辟”的重要活动场所。这段时间是溥仪政治思想成熟的时期，也是他能够为实现复辟而独立支配个人言行的时期。溥仪在这里过着“无冕之王”的寓公生

活，更为所谓的“复辟大清”而忙碌。“九一八”事变爆发后，在日本当局的策划下，溥仪决定到东北当伪满洲皇帝，以实现其复辟梦想。1931年11月10日傍晚，溥仪藏在一辆汽车的后备箱里，从后门驶离静园，由郑孝胥父子等人陪同，登上大沽口外的日本商轮“淡路丸”号，暗渡白河离津出关，开始其长达14年的傀儡生涯。

整理修复

溥仪搬出后，静园几番易主，历经变迁，先后作为办公用房和住宅使用，院内、楼内搭建违章建筑600平方米，到整理前已成为名副其实的大杂院。2007年7月，整理修复后的静园作为旅游景区对公众开放，先后获得“中国旅游品牌魅力景区”“天津市爱国主义教育基地”“全国科普教育基地”和“全国青年文明号”等称号。

走进静园，仿佛时空交错，城市中心的喧闹被高高的院墙阻隔在外，只余阵阵鸟鸣如背景般意味悠长，适合喜欢历史和建筑的游客静心漫游。

攻略

交通：乘地铁1号线、公交3、35、50、600、606、631、632、641、643、650、657、699、673、678、800、840、842、847、851、865、870、901、906、954路到鞍山道站下车步行5分钟即可到达。

李叔同纪念馆

推荐理由

李叔同，我国近代新文化运动的先驱，佛教高僧，以诗文、书法、篆刻见长。21岁留学日本，专攻音乐、绘画，并创办了我国第一个话剧社团，主演了《茶花女》等名剧，之后在杭州虎跑寺剃度为僧，在福建泉州终成一代宗师。

李叔同，光绪六年（公元1880年）生人，名文涛，天津人，字息霜，原住河北区粮店街6号。

李叔同五岁丧父，由兄长掌管家务，李叔同天资聪颖，幼年在家受到严格管教，先从唐云庄读经书，学诗赋书法，到十几岁时，楷、行、篆、隶便已见功力，尤以秦篆、魏碑见长，受到乡里前辈的重视。学识日深之后，诗文书法篆刻之外，也能精鉴古物，通晓音律、戏剧，有“才子”之称。

19世纪末，少年李叔同接受拥护“康梁变法”的主张。戊戌变法失败后，国事日坏，家道衰落，李叔同19岁南下上海。到上海后因文思优异而列为上海奇才，特为他辟寓所安家，并亲题“李庐”，住“李庐”年余。先后出刊《汉甘林瓦研题辞》《李庐印谱》和《李庐诗钟》。于是，李叔同以诗文、书画、篆刻、金石，享誉江南。

公元1901年蔡元培先生在上海组织南洋公学特班。李叔同入学研究政法，先后译有《法学门经书》《国际私法》，得到蔡元培先生的赏识、器重。1903年他与黄炎培组织了“沪学会”开办补习班，李叔同编写《野婚姻新戏剧本》宣传婚姻自由。公元1905年其母逝世，扶柩返津安葬后，便远赴日本留学，这时的李叔同25岁。

李叔同到日本学西方绘画，在中国留学生中是第一人，李叔同对艺术有特殊的爱好，在学画的同时，又进入音乐学校学习钢琴和作曲。李叔同学习绘画、音乐的同时，更从日本研习新剧，组织了中国第一个话剧团体——春柳社。在东京公演《巴黎茶花女逸事》，李叔同扮演主角茶花女。我国戏剧大师欧阳予倩观看了《茶花女》后，参加了春柳社。

李叔同在日本留学6年后回国，先应天津高等工业学堂之聘，任学术研究图画教员。公元1912年春，由津赴沪，在沪、宁、杭各地任教，办画报，写文稿，介绍新文艺思想。

李叔同书法艺术有独到之处，1918年出家前的那一夜晚，又应画家姜丹初之请，为姜母工楷书《姜太夫人墓志》，天明即离开学校，到杭州虎跑寺拜了悟和尚为师，剃度为僧。法名演音，号弘一。自此“掩宝山中，穷研律学”，最后成为承上启下的第十一代南山律宗之祖。

李叔同念佛不忘救国，并以书法广结善缘，写作格言、联句，书文相配，追求更高的意境，公元1942年，63岁的弘一法师圆寂于福建泉州开元寺温陵养老院晚晴室。

李叔同纪念馆

为了纪念近代文化先驱、一代高僧李叔同。天津市政府决定修复其故居并建立纪念馆。李叔同纪念馆于2008年12月落成，2011年12月底正式对外开放。

纪念馆占地面积4 000平方米，园林占地面积2 600平方米。院内建有太湖石假山、人工湖、纪念亭、凉亭等。院内松柏参天，花草遍地，衬托着一片仿明清古建筑群体。院内景观呈现幽静庄重的特色。穿过湖亭假山小瀑布，抬头看到：李鸿章亲笔

为李家题写的“进士第”映入眼帘，彰显了李家的地位和身份。步入庭院看到的是第一展室：展有大师童年、青年时期的纪实写照，他将日本的话剧、钢琴、五线谱第一个引入中国，最醒目的就是他演话剧《茶花女》时的女人像。第二展室“佛堂”展现了李叔同剃度为僧，修学成一代宗师的人生轨迹。这里还有杭州市李叔同纪念馆的照片。为了恢复故居的原貌，纪念馆最大限度地复原了当时李家的生活起居。如“通达钱庄”、起居室、洋书房、中书房、意园等。展出许多名家书画作品以及大师的楹联、书法、篆刻等。

攻略

交通：乘15、172、600、605、633、653、675、681、904、856、863、903、907、908、954路在望海楼站下车，沿海河东路至滨海道即到。

霍元甲纪念馆

推荐理由

霍元甲为天津武林一代宗师，中国近代史上著名的爱国武术家。他所倡导的“爱国、修身、正义、助人”的精武文化遍植神州，弘扬海外。霍元甲纪念馆为中华武林顶级纪念馆。

霍元甲，字俊卿，1868年1月18日生于天津小南河村，1910年9月14日卒于上海。

霍元甲是中国近代史上著名的爱国武术家，他生活在中华民族积贫积弱的历史年代。面对帝国主义列强的欺辱，霍元甲在津沽大地经常匡扶正义，不畏强势，先后挫败了嚣张一时的俄国、英国大力士和日本柔道队，在天津树立了自强不息的英雄形象，被誉为津门大侠。1910年为雪“东亚病夫”之耻，促进民族觉醒，霍元甲在进步人士的协助下创办了“上海精武体育会”，吸纳西方体操为我用，传播中华武术于外域。此后百年来，精武文化弘扬海外，世界上华人及习武者无不崇尚霍公元甲。2010年是霍元甲逝世100周年，也是精武会成立100周年，为了弘扬霍元甲“爱国、修身、正义、助人”的尚武精神，霍元甲家乡的

天津西青区精武镇小南河村斥巨资重修了霍元甲陵园，建立霍元甲纪念馆。

纪念馆是在霍元甲陵园原址上扩建的，包括观武亭、广场、山门、大殿、牌坊、陵墓等。纪念馆为三层建筑，太极图结构，它有一个八卦形底座将建筑物高高托起，全面系统地展示了霍元甲的传奇一生和精武会的创建及发展历程。纪念馆大厅中央正面特别装饰了孙中山先生为上海精武会特意出版的《精武本纪》所作的巨幅旁文。纪念馆展现了霍元甲少年磨砺、威震津门、以武报国、世界精武四个阶段的人生经历纪实。

馆内内容丰富，特别是采用了声光形式生动地介绍了霍元甲的一生。

2010 年 11 月 13 日霍元甲纪念馆开馆揭幕式举行，由市旅游局、市体育局、市文化局及西青区政府主办的世界精武——霍元甲英雄会在西青区精武镇小南河村精武门中华武林园举行。来自世界 12 个国家的 39 名精武会代表、国内外武术界知名人士及体育、演艺界明星近 4 000 人出席了这一盛会。

攻略

交通：乘便民 1 路可直达小南河村。

梁启超纪念馆

推荐理由

中国近代著名的思想家、政治家、社会改革家、百科全书式的学术大师。与其师康有为倡导变法维新，被称为“康梁”。“戊戌变法”失败后逃往日本。民国初期支持袁世凯，1915 年袁世凯公开称帝后，梁启超谏阻不成，与蔡锷将军策划武力反袁。袁世凯死后，梁启超出任北洋政府财政总长。1917 年孙中山发动护法战争，梁启超随之辞职。1922 年至 1925 年在清华任国学研究院导师。1929 年 1 月 19 日病逝于北京。梁启超纪念馆为全国重点文物保护单位。

梁启超（1873—1929），字卓如，号饮冰室主人。中国近代著名的思想家、政治家、社会改革家、百科全书式的学术大师。1912 年在结束了长达 15 年流亡生活归国后，于 1915 年定居天津。2002 年 10 月在梁启超原寓所修建成“天津梁启超纪念馆”。梁启超故居及“饮冰室”书斋坐落在天津河北区民族路 44—46 号，占地面积共 2 500 平方米。

梁启超，汉族，广东新会人，中国近代维新派领袖、学者。梁启超自幼在家中接受传统教育，1889 年中举。1890 年赴京会试，未中。回粤路经上海，看到介绍世界地理和上海机器局所译西书，眼界大开。同年结识康有为，投其门下，1891 年接受康有为的学说并由此走上改革维新的道路，世人合称“康梁”。1895 年春再次赴京会试，协助康有为，发动在京应试举人联名请愿，史称“公车上书”。维新运动期间，梁启超表现活跃，曾任北京《万国公报》和上海《时务报》笔政，又赴澳门筹办《知新报》。他的许多政论在社会上都有很大影响。1897 年，任长沙时务学堂总教习，在湖南宣传变法思想。1898 年，回京参加“百日维新”。7 月，受光绪帝召见，奉命进呈所著《变法通议》，赏六品衔，负责办理京师大学堂译书局事务。同年 9 月，“戊戌变法”失败，慈禧捕杀“六君子”，梁启超逃亡日本，一度与孙中山为首的革命派有过接触。在日期间，先后创办《清议报》和《新民丛报》，鼓吹改良，反对革命。同时也大量介绍西方社会政治学说，在当时的知识分子中影响很大。武昌起义爆发后，他企图使革命派与清政府妥协。民国初年支持袁世凯，秉承袁意，将民主党与共和党、统一党合并，改建进步党，与孙中山领导的国民党争夺政治权力。1913 年，进步党“人才内阁”成立，梁启超出任司法总长。1915 年底，袁世凯称帝之心日益暴露，梁启超反对袁氏称帝，谏阻不成后，与蔡锷策划武力反袁，护国战争在云南爆发。1916 年，梁启超赴两广地区参加反袁斗争。袁世凯死后，梁启超出任段祺瑞北洋政府财政总长兼盐务总署督办。1917 年 9 月，孙中山发动护法战争。11 月，段祺瑞被迫下台，梁启超也随之辞职，从此退出政坛。1918 年底，梁启超赴欧，了解到西方社会的许多问题和弊端。回国之后即宣扬西方文明已经破产，主张光大传统文化，用东方的“固有文明”来“拯救世界”。1922 年起在清华学校教课，1925 年应聘任清华国学研究院导

梁启超像

师。1927年，离开清华研究院。1929年1月19日病逝于北京协和医院，京沪开追悼会，参加者甚众。梁启超一生勤奋，各种著述达1 400多万字。

展览设在“故居”楼内，以“梁启超与近代中国”为主题，分12个展室。有“公车上书”“戊戌变法”“护国战争”“巴黎和会”等，最后一间展室展现的是梁启超的家庭及其九个子女成才的故事，图、文、物并茂，内容丰富。

复原后的书斋“饮冰室”为两层半文艺复兴时期意大利风格建筑。一楼为梁启超工作区，书房为主题。二楼是梁启超生活区。室内陈设中西相兼、融华夏书香与西洋气魄为一体。这是梁启超最后两年主要生活和工作的地方，也是《中国文化史》《儒家哲学》《辛稼轩年谱》（未完）等著名文章的诞生地。

据介绍，梁启超纪念馆里一百多件家具都是按当年的陈设原汁原味复制的，并根据梁启超后代反复回忆进行布置的，力求贴近当年原貌。

攻略

交通：乘公交44、46路在民族路下车即可。

曹禺故居

推荐理由

曹禺是我国杰出的戏剧家，北京人民艺术剧院院长，被誉为"中国的莎士比亚"。他的一生先后创作了多幕话剧《雷雨》《日出》《原野》，又创作和翻译了《北京人》《胆剑篇》《王昭君》《罗密欧与朱丽叶》等名剧剧本。

曹禺本名万家宝，生于天津。我国杰出的戏剧家，曾任中央戏剧学院院长、中国戏剧家协会主席、北京人民艺术剧院院长等职，被誉为"中国的莎士比亚"，享有盛名。他自幼酷爱戏剧文学，1915 年入私塾，1922 年入南开中学读书，1925 年加入了北方最早的业余戏剧团体南开新剧团，从此开始了他的演剧生涯。1928 年升入南开大学，1930 年转入清华大学。1933 年他的处女作《雷雨》问世震动了当时的戏剧界。之后他又创作和翻译了《北京人》《王昭君》《胆剑篇》《罗密欧与朱丽叶》这些脍炙人口的佳作，博得中外世人的喜爱。1996 年 12 月在

北京病逝，终年86岁。

曹禺故居在河北区民主道23号，与曹锟的寓所相邻，包括前后两座两层小洋楼，意大利建筑风格的砖木结构，约480平方米，这里曾称“万公馆”。曹禺的童年和青少年时代就是在这栋楼里度过的。

曹禺故居经全面整修后已于2010年正式向市民开放，室内装修一新，内部充实丰富，包括《日出》《雷雨》《北京人》等剧照及其生活照片。

攻略

交通：乘14、802、828、868、904、905路到民主道站可达。

附近景点：意国风情街，梁启超故居。

庄王府——李纯祠堂

推荐理由

天津庄王府是李纯将北京西直门外原明代大宦官刘瑾的官邸买下，拆卸后运津重建的。占地 2.56 万平方米，为掩人耳目称为李家祠堂。整座建筑色彩绚丽，碧瓦朱栏，雕梁画栋。庄王府为天津市文物保护单位。

庄王府——李纯祠堂坐落在天津市南开区白堤路 82 号。

李纯，民国初年曾任江西都督、江苏督军，利用搜刮的民财，将北京西直门外原明代大宦官刘瑾的府邸买下，拆卸后运津重建。因整座建筑与紫禁城中路相似，为掩人耳目，称为李家祠堂。自 1913 年起建，历时 10 年建成，占地 2.56 万平方米。前建三进庭院，后辟花园，由照壁、石牌坊、石拱桥、大门、前殿、中殿、后殿、配殿和回廊组成。中殿是主体建筑，建有石狮、石坊、屏壁、华表、长廊、殿宇、戏楼、拱桥等。整座建筑，古香古色，宏伟壮观。

李纯祠堂正门两侧，雄踞石狮一对，面对正门有照壁、横障，几株翠柏肃立于门前。进入正门，玉石牌坊首当其冲，牌坊后东西矗立"华表"一对，前行有玉带河，跨河有玉石桥，石雕精细，实际上就是一个缩小了的"金水桥"。北院分三进：头道院的迎面为前殿，东西有配殿相称，规格略小。院内是祠堂的花园，园的东北角和西北角各有角门和二道院相通，二道院是祠堂建筑的主体，中殿左右有配殿陪衬，东西有厢殿相对。南面是戏台，戏台顶部有"玉龙戏珠"的大浮

雕。第三道院的布局与二道院相同。两道院的四周，皆有游廊环绕，两道院之间，有夹道通连。庭、堂、殿宇皆为古典形式的砖木结构。殿顶覆以彩色琉璃瓦，重檐斗拱，五脊六兽，顶板描金，方砖铺地，雕梁画栋，金碧辉煌。

李纯祠堂影壁北侧兵营式的大门应该是1949年前的产物。1958年，进行复原修建。1960年竣工后改为“南开人民文化宫”，由郭沫若题字。1981年再次整修，1982年被列入天津市文物保护单位。

李纯，天津河东人，1874年出生在水梯子大街东兴里，为生计所迫，李纯15岁即入营当差，17岁被保送天津武备学堂。毕业时以精于德国操法而留堂任教。中日甲午战争后，袁世凯在小站操练新兵，李纯任教练处提调，备受青睐。不久即出任北洋陆军第六镇第十一协协统（旅长）和随营学堂监督，从此成为袁世凯的亲信。辛亥革命后，李纯在江西助袁世凯平定“二次革命”，遂被委任为江西都督兼民政长。袁世凯称帝失败后，李纯又被任命为江苏都督兼浦口商务督办。1920年10月12日夜，李纯突然在江西都督府里暴卒。

“虽然说李纯祠堂的建筑都是王府的建筑，但当年重建时，把原先的王府建筑布局做了颠倒。原来庄王府的布局与其他王府应该一样，先是住宅，后是花园。但李纯祠堂正好相反，把花园建在了大门口，而把其他四进院子建在花园后部，为了避人耳目，对外称修建祠堂。但从各道院两边的回廊来看，这里应该是住宅，因为家庭住宅才有建回廊的必要，而祠堂却不必要。

当年李纯在此处建宅，张扬的场面恐怕政府的高官也有所耳闻，据说袁世凯还过问过此事。也正因为如此，可能是因为迫于袁世凯的压力，李纯才把它对外称为是李家的祠堂，没敢说是自己居住的住宅。

庄王府不仅对庄亲王、李纯做了详尽的介绍，还增加了许多珍贵的历史文物及资料。在祠堂后半部的殿堂居室充实了天津市诸多非物质文化遗产的实物、照片及文字的展示。最后在戏楼广场还可以看到皇亲贵族的古装表演，表演深受游客的欢迎。

攻略

交通：乘859、849、640、609路到南开文化宫下车即可。

庆王府

推荐理由

1924 年载振从小德张手里买下该建筑，后改建为中西合璧式豪华住宅。大厅悬挂康熙御赐条幅，院内是假山花坛，奇花异草等景观。载振住在这里仍过着皇家旧制的生活。庆王府为天津市特殊文物保护单位。

重庆道 55 号，原系庆王府载振故居。载振 1924 年被赶出紫禁城来到了天津，从清太监小德张那里买下后作了改建。整个建筑占地面积 4 385 平方米，建筑面积 5 085 平方米，平面布局呈矩形，高大雄伟，围墙高峻、庭院深深。主楼为西洋柱式回廊，两层外廊琉璃瓦栏柱、屋顶为蓝、绿、黄色。门廊显示宫殿气氛的复合柱式，正门上窄下宽 17 级台阶。进门中西合璧木雕隔扇，上面装镶有拱形的比利时玻璃镜。楼当中为欧式古典风格，天井式大厅。周围一大圈住房、东西南北四面开间，“三明暗五”。大厅顶端装有葡萄造型的大吊灯。厅内悬挂康熙皇帝御赐大条幅。楼的东西面有小巧玲珑的花园、假山、甬道、凉亭、小溪、花坛、草木，别有洞天。特别是花盆中的几株木化石更令人称奇。三楼八间房，专为祭祀祖太爷的影堂。大厅、客厅摆设紫檀雕刻大长案，八仙桌椅、围屏等，中间是一个硬木王爷宝座。

庆王载振为朝廷重臣，财富颇多，载振在津更是锦衣美食，起居饮食仍保持皇家旧制，酒也用庆王自制的“香白酒”。载振还斥三十万巨资与人合资在法租界建造了劝业场、交通饭店、渤海大楼等三处高大建筑。

攻略

交通：乘632、651、673、685、826、865、900、953路公交车在马场道、香港路站下即可到达。

吉鸿昌旧宅

推荐理由

抗日英雄吉鸿昌将军的旧居是一座英式小洋楼。1934 年在这里进行了大量的革命活动，此后这里成为党的秘密活动据点。吉鸿昌旧宅为天津市文物保护单位。

吉鸿昌旧宅坐落在和平区花园路 5 号，是一座英式三层小洋楼。1917 年由工程师沙德利设计，建筑面积 1 408 平方米，砖结构建筑。1930 年吉鸿昌购得此楼。

吉鸿昌，河南扶沟人，生于 1895 年 10 月 18 日。著名爱国将领，历任营长、团长、旅长、师长、军长及宁夏政府主席，22 路军总指挥。1932 年在湖北策动旧部反蒋起义，但因实力悬殊而失败。回到天津运作经费、收集武器后送往抗日前线，这所红楼成为我党抗日救亡运动在津的重要据点。二楼客厅原为 3 个门，后改为 7 个门，楼内门门相通、间间相连，并在每层都设 10 间密室，以应付紧急情况。三楼为地下党的秘密印刷室，印刷党内文件和抗日刊物《民族战旗》。

吉鸿昌在抗日同盟军失败后回到天津在红楼创立了“中国人民反法西斯大同盟”，被推任为主任委员。1934 年 11 月 9 日在离红楼不远的法租界国民饭店遇刺伤臂，后又在法租界工部局被蒋介石特务逮捕。1934 年 11 月 24 日在北平陆军监狱英勇就义，时年 39 岁。吉鸿昌就义后，夫人胡红霞为筹办丧事将此楼以低价抵给他人。

1982年天津市人民政府公布此楼为文物保护单位，1984年此楼敬刻“吉鸿昌烈士故居”字样。1995年在楼房旁中心花园塑起了一尊吉鸿昌将军青铜雕像，手持大刀，立马远眺，姿态威武，雕像基座上镶刻着他以大地为纸，枯枝作笔书写的诗句：“恨不抗日死，留作今日羞。国破尚如此，我何惜此头。”

攻略

交通：乘611、829路公交车到中心花园站下车即可。

“少帅府”

推荐理由

抗日爱国将领张学良将军故居是一幢豪华威严的小洋楼，人称“少帅府”。楼房造型仿西洋风格，豪华美观。“少帅府”为天津市重点文物保护单位。

“少帅府”位于天津市和平区赤峰道 78 号。为砖木结构楼房，房间宽大考究，楼梯、地板、门窗均为菲律宾木料。楼房造型仿西洋风格，豪华美观。前楼三层，建于 1921 年；后楼两层，建于 1926 年，总建筑面积 1 401.65 平方米。将军书房、夫人于凤至、赵一荻（赵四小姐）的卧室均设在前楼二层。这里的小洋楼系张学良将军在 1927 年至 1932 年间常住的寓所。

张学良，字汉卿，辽宁海城人，生于 1901 年。东三省讲武学堂毕业后任炮兵少校、营长、团长。1920 年升为旅长，直皖战争晋级陆军上将，直奉战争时期任第三军军长兼第四师师长。他机智能干，颇受其父张作霖及奉系元老的信任。1925 年春他率京榆司令部进驻天津。1928 年蒋介石所率“国民革命军”大举北伐，张学良力主奉军退兵关外。张作霖在返奉天途中，在皇姑屯被日本关东军炸死，此后张学良被奉系委任为“东三省保安总司令”。1930 年蒋介石、冯玉祥、阎锡山中原混战，张学良又被蒋介石委任为“全国陆海空副总司令”。1931 年日本军国主义发动了“九一八”事变，东三省相继沦陷，蒋介石严令张“不许抵抗”。1933 年热河失陷，南京政府将“失地”责任归于张学良，因此张自愿引咎辞职，奉令去意、英考察。1934 年招回，任鄂豫皖三省“剿匪”副司令，此间不断与红军作战。后通过中共工作，张学良接受了“停止内战，一致抗日”的建议，并秘密与中共签订了“互不侵犯，互相友好”协定。后向蒋介石建议改变“先安内，后攘外”的政策，遭到了蒋痛斥。1936 年 12 月 12 日，张学良与杨虎城发动了震惊中外的“西安事变”，蒋被迫接受了“停止内战，共同抗日”的六项条件，最终促成了第二次国共合作。

12 月 25 日张学良护送蒋介石飞回南京后，背信弃义的蒋介石软禁了张学良，并判其有期徒刑 10 年。不久又公令特赦，但仍无限期软禁。1990 年以后，张的家属以“出国探亲”为名，经台批准护送张学良去美国夏威夷侨居。

2001 年 10 月 14 日，张学良先生在夏威夷病逝，享年 101 岁。

攻略

交通：乘 1、35、50、611、619、650、693、808、831、838、845、860、901、902、904、951、952 路公交车在山东路下车即可。

李烛尘公寓

推荐理由

李烛尘是天津化工工业的创办者之一。中国第一家化工企业，所生产的“红三角”牌碱远销海内外。李烛尘，湖南人，与毛主席是同乡又是挚友。新中国成立后任中央人民政府委员、全国人大常委、全国政协副主席、华北行政委员会副主席，曾多次陪同毛主席进行考察。1951 年毛主席曾登门作客，使他终身难忘。

李烛尘，著名的政治活动家、爱国事业家、化学工业开拓者。李烛尘故居，坐落于马场道 102 号。此楼为法国人设计四层木质结构，一进门有一个小院，一层是车库，顺台阶直上二楼是客房，三、四楼是卧室。楼上下共八间，南北朝向，是一座意大利古典风格，双柱连拱高级公寓，连排式四层砖木结构，拱形门窗，局部装有花饰，墙是兽面头点缀，三楼拱形外跨式阳台。1951 年 12 月 27 日毛主席曾登门做客，李老做梦也没想到，这天晚上是他一生中最难忘的时刻。这间公寓也因毛主席在此做客从此有了名。

李烛尘，湖南永顺县人，科考中过秀才，又赶上最早的一批去日本留学，化学学士文凭。辛亥革命回国，留日后老乡范旭东邀他在塘沽创办了久大精盐厂，李烛尘任厂

长。李烛尘后来又与范旭东、侯德榜共创永大精盐公司、永利化学工业公司，生产的“红三角碱”远销国内外。毛主席曾称他为“中国工业之先导”。

毛主席与李烛尘是同乡又是挚友，早在1945年8月重庆谈判时李烛尘在几家报纸上发表重要文章，呼吁和平反对内战，主张国共合作。在重庆时毛主席和李烛尘多次谈心，商谈组建联合政府方略等。

李烛尘先后担任中央人民政府委员、全国人大常委、全国政协副主席、华北行政委员会副主席、食品工业部部长、轻工业部部长等。他多次陪同毛主席进行考察。1953年他给毛主席写过三封信，并就国家方针提出建议，毛主席都亲笔回信。毛主席称赞道：“他不仅是技术家、实业家，还是经济管理专家。”1955年李烛尘当选天津市第一届政协副主席，天津市工商联创始人。毛主席高度评价他的一生功绩为“工业先导，功在中华”。

攻略

交通：乘954、906、13路公交车至马场道站下车即可。

特别提示：李烛尘公寓现在仍为天津居民所居住，只能在马路上或小院内观赏。

张伯苓故居

推荐理由

近代教育家，南开系列学校创办人之一。1948 年辞去国民政府考试院院长职务，仍到重庆坚持办学。1951 年在天津病故。大理道 39 号为新中国成立后张伯苓在津的住所。

张伯苓，生于 1876 年，天津人，北洋水师学堂毕业，任海军士官生。他亲睹甲午覆师、威海易帜，愤然立教育救国之志。

1904 年随严修赴日考察教育，归国后办起了私立“敬业学堂”。1907 年改名为“南开中学堂”。

1908 年张伯苓代表直隶赴美参观渔业博览会并考察教育。1909 年创办了“南开新剧团”。1917 年赴美哥伦比亚大学师范学院考察私立大学教育。翌年回国，与严修等人在南开中学南面洼地建起了大学部讲堂。1919 年 10 月 17 日，南开大学正式成立，1923 年又成立了南开女子中学，1928 年在南开四马路成立了南开小学。1929 年再度去欧美国家考察。1936 年在重庆建立了“南渝中学”（后改名称为重庆南开中学）。

1937 年 7 月 28、29 日，侵华日军炸毁了南开大学并占领了学校。学校被迫南迁长沙，后又迁往昆明与北大、清华合组西北联合大学，张伯苓任校务委员会常委。1938年任国民参政员。1945年出席国民党第六次全国代表大会，当选为中央监察委员会委员。1948年出任南京国家政府考试院院长。任职后张伯苓目睹了国民党政府腐败黑暗的内幕，决心不再替蒋“跑龙套”。张伯苓借口养病，离开了南京到了重庆沙坪坝南开中学。新中国成立前夕，蒋介石、蒋经国父子几次到沙坪坝津南村，请其去台湾或美国，被他婉言谢绝，并坚辞考试院院长一职。

1949年，他在重庆迎接解放，并把重庆南开中学献给国家。1950年春，张伯苓希望北归。5月在周恩来总理的直接安排下派飞机将张伯苓夫妇接到新中国的首都北京，住在傅作义寓所。张伯苓一抵达，周总理就赶来看望，师生多年不见，一时十分激动。张伯苓在北京住了四个多月，周总理经常来看望校长，师生同从前一样，推心置腹地畅谈。1950年9月15日张伯苓夫妇回到天津，与三子张锡祚一家租住在大理道39号，临行前周总理和邓颖超在中南海西花厅设宴为张伯苓夫妇践行。

大理道39号环境幽雅，坐落在民园体育场附近，是座典型的英式三层小洋楼。房屋前后宽敞的庭院种有名贵的花草树木，室内门窗、地板和楼梯均为菲律宾木，装修讲究，采暖和卫生设备俱全。该楼至今已有80多年历史，但仍保存完好。

张伯苓返回天津，第二天就拄着手杖，怀着急切、兴奋的心情，先后来到南开中学和南开大学。他目睹着南开的一草一木，高兴地说“当年我办南开时，道路是那样的坎坷，真是南开“难开”，如今却是平川大道了”。1951年2月14日，张伯苓先生突发脑溢血，于2月23日下午谢世，享年75岁。

张伯苓逝世后，周恩来同志专程从北京赶来，亲临张宅吊唁，南开校友及友好人士纷纷前来，送葬队伍多达二千余人。

周总理对校友们说道：“张校长一生是进步的、爱国的；他办教育是有成绩的，是有功于人民的。咱们都是他的学生。”

攻略

交通：乘4、619路公交车到马场道站下车即可。

宋棐卿寓所

推荐理由

马场道116号是天津爱国者、民族工业企业家宋棐卿的寓所。宋棐卿先生所创立的东亚毛呢纺织有限公司生产的“抵羊牌”毛线由于质量过硬，很快闻名全国。“抵羊”隐含着“抵洋”的意思，成为全国抵制洋货的最著名商标。宋棐卿寓所为西式庭院别墅，砖木结构，红瓦坡顶。

宋棐卿，山东青州市人，生于1898年，18岁时齐鲁大学肄业，后转入燕京大学，1920年去美国留学，1925年回国后开始经办实业。

宋棐卿故居内包括两栋欧式小洋楼，建于1937年。建筑面积2 018平方米，坐北朝南，自成院落，造型美观大方。一楼有客厅、餐厅、书房。二楼卧室、起居室和卫生间。居室高大明亮，采光通风极佳，高级硬木地板。楼梯、栏杆具有特色，楼四周带有矮墙平台，布局错落有致，其典雅风格点缀得马场道更具魅力。宋棐卿20世纪40年代曾短期在此居住。

20世纪30年代初宋棐卿经考察研究，决心生产当时中国还不能生产的毛线，并以此为突破口，从事民族工业。1926年他派其弟宋宇涵赴美，专攻毛线纺织技术。为安全着想，宋选定在天津租界设厂，因其原料、煤、电均有充足的供应，更有便利的水陆交通。他又从上海聘来了曾留学法国，学习纺织的张汉文工程师。宋棐卿首先在天津意租界租了15亩地的厂房，又购置了纺织机，并于1932年4月15日成立了"东亚毛呢纺织有限公司"，宋棐卿任总经理。

"九一八"事变后，日本加紧了对中国的侵略和掠夺，各界群众纷纷抵制日货。宋棐卿面对中国市场上充斥洋货的现状，决心创造国货品牌，与洋货竞争。最终决定以响亮的"抵羊"二字为自己产品的商标，内含"抵洋"之意。之后副经理赵子超到南京说动了时任实业部长的孔祥熙对国货"抵羊"毛线免税。结果使"抵羊"毛线家喻户晓，全国闻名，销路大增。

初步胜利使宋棐卿雄心勃勃，他决心扩大生产，使"东亚"成为名副其实的第一流企业。宋棐卿决心在社会上广泛招股，使股东遍布全国各地和各个阶层。其股东中在政界的有孔祥熙、韩复榘、谷良民等；在天津工商界的有纪华、赵真吴等；在教育界的有张伯苓、林济青等。

1935年4月宋挫败对手后，又筹建新厂，将厂址选在英租界内(今云南路)共40亩地，请天津著名工程师设计厂房；1936年新厂全部竣工，设备齐全，机器先进，"东亚"成为天津民族工业的佼佼者。

1949年1月15日，天津解放了。党中央派工作组进驻"东亚"，帮助尽快恢复生产。不久后，刘少奇同志来天津视察时曾到"东亚"公司参观，并和宋棐卿谈了一次话，鼓励他发展生产。

攻略

交通：乘13、858、685、862、904、871路公交车至湛江路站下车即可到达。

推荐理由

位于五大道新华路与马场道交口处，一幢西式三层小洋楼，红墙红瓦红顶子，气势庄重威严。此处为素有“文章魁首”“总统诗人”之称的徐世昌的故居。该故居被列为天津市尚未公布为文物保护单位的不可移动文物。

徐世昌故居

徐世昌故居坐落在和平区新华南路255号，共有楼房26间，平房4间，建筑面积1 085平方米，是一所西式三层小洋楼，混合结构，红砖砌面，一楼有客厅、休息室、更衣室、餐厅、浴室等；二楼为卧室、书房、办公室，内客厅；三楼为顶子间。该故居现为天津市教委使用 。

徐世昌，直隶天津人，1886年中进士，后入翰林院编修。1897年徐世昌成为袁世凯的首席幕僚。1907年任东三省第一任总督、钦差大臣等。1910—1913年任军机大臣、大学士。1914年任国务卿。1918年冯国璋下台后选为大总统。1920—1922年直奉战争失败，被曹锟、吴佩孚赶下台，后迁居天津租界，成立编书处等，1939年病死于天津寓所，享年85岁。

徐世昌素有“文章魁首”和“总统诗人”之誉称，主编《晚晴簃诗汇》200卷。一生创作诗文5 000多首，并痴迷于挥毫泼墨和收藏。他的藏画、藏书甚多，天津博物馆中有许多他的珍藏。

攻略

交通：乘13、685、862、904路公交车至浦口站下车即可到达。

陈光远公寓

推荐理由

陈光远，天津武清崔黄口人，为袁世凯亲信。历任师长、京津警备副司令、江西省督军等职。其故居位于大理道48号，是一幢壮观豪华欧式庭院别墅。楼高三层，设计新奇。二层比三层突出，三层顶部建有一大阳台。阳台上设一小凉亭，既可纳凉又可观望四方，极具现代风格。外墙为黄色硫缸砖墙体，中西合璧，气派端庄，可见设计别出心裁。

陈光远，19岁入天津武备学堂，之后成为袁世凯的亲信，先后任过师长，京津警备副司令，后被冯国璋调任江西督军。陈光远在江西近5年，史料上遂有“穷了江西一省，富了武清一家”之说。他从江西带回了上千万的财产。在老家置地1.6万余亩，在天津还开办了振德房地产公司，另外在北京、大连均有他的房地产产业。除此之外他还在天津开办了银号、当铺并投资启新洋灰公司、开滦煤矿、华纱厂、中原公司等。现在此宅院被幼儿园所用。

攻略

交通：大理道距重庆道很近，在五大道中心服务站租马车、自行车均可。乘公交车4、619路在河北路站、马场道站下车后步行可到。

孙殿英公馆

推荐理由

孙殿英，河南永城人，为举世闻名的“东陵大盗”。1928 年孙殿英驻防河北蓟县马兰峪时，盗掘了慈禧和乾隆陵墓。孙氏住宅是一座高四层洋楼豪宅，孙在此曾以办事处为名进行毒品、军火买卖。该楼高低错落，为英国古典式建筑风格。该故居被列为天津市文物保护单位。

孙殿英公馆坐落在和平区睦南道 20 号。该建筑建于 20 世纪 30 年代，当年对外宣称是他的驻津办事处，可是根据历史记载的史实，此处实际上是他在津贩卖毒品、经营军火、贩卖假钞票的据点。

整个建筑物的外形高低错落有致，别具一

格，在私人别墅里也属于比较讲究的。它共有四层楼，二层的平台有八根白色的立柱直顶到三楼，显得古朴典雅。三楼的中间四个房间朝南处有四个门通向平台。该故居现为长芦盐务局所使用。

孙殿英，河南永城人，自幼结识了一些流氓、赌棍，出入赌窟、钱庄，渐成为赌场高手，并以赌为业，发了不少财。二十五岁至三十五岁，又干起鸦片买卖，甚至自己动手制造鸦片，赚了不少钱。期间从副官升任机关枪连连长，趁机收容土匪、流氓、赌棍及庙会会徒，队伍扩大至数千人。

1925年秋孙殿英的军队被军阀张宗昌收编，委任为第五师师长。后又被蒋介石任命为第六军团第十二军军长。孙殿英探知东陵地区无人看守，便调动一团兵力，指挥部下挖坟盗墓，干出了一桩震惊全国的事件。孙殿英先后从慈禧、乾隆的地宫，盗出珍珠、翡翠、玉石、象牙、雕刻、字画、书签、宝剑等稀世珍宝。孙殿英盗墓之事很快传遍全国，各地报纸纷纷揭载，要求严办孙殿英。孙殿英拿出宝物中的一部分送给宋美龄、蒋介石、宋子文、孔祥熙、戴笠等，因而得到保护，案件最后不了了之。

1945年，孙殿英又积极为蒋介石打内战卖力。1947被解放军打败后，束手就擒。共产党念及他抗战时期曾有过好的表现，生活上给予照顾，不计前嫌。孙殿英生病时，共产党仍为他求医治病。这种人道主义精神和宽大为怀的行动，深深触动了他的心。在病危之际，他忏悔说："我过去做了许多坏事，对不起民众，对不起共产党。共产党宽宏大量，不计怨仇，比蒋介石不知好多少倍啊！"这年秋天，孙殿英病重死去。

攻略

交通：乘13、678、632、657、826、865、953路公交车至马场道站或香港路站下车即可到达。

马占山寓居

推荐理由

马占山是一位抗日爱国将军，拥护中国共产党的抗日统一战线。1949 年 1 月与邓宝珊、傅作义通过协商，决定响应和平号召，宣告和平起义。大理道 9 号是一座英式小洋楼，一楼有马占山将军简介照片、戎装立像。

马占山，河北省丰润人，1885 年出生于奉天府怀德县，幼年时家境贫寒，年轻时曾啸居山林，后被官军收编为衙门的哨官。26 岁时投靠奉军将领吴俊升，后屡获升任。1930 年 45 岁的马占山任黑龙江省警备司令，后代理黑龙江省主席。1931 年"九一八"事变后，马占山临危受命。并于同年 11 月 4 日，率部与日军血战嫩江江桥阵地。"江桥抗战"对日首战告捷，国人激奋，马占山一时声名远播，连"马占山"牌香烟也在市场热销。1937 年抗日战争全面爆发，马任东北挺进军司令，先后在大同、包头、大青山等地对日作战。马占山拥护中国共产党的抗日统一战线。此后，蒋介石对马占山继续抗日的要求置之不理，马占山万般无奈之际，只得北上天津寓居。1948年底国民党反动统治江山日下，全国解放指日可待。中共北平地下党让马占山请邓宝珊来北平劝告傅作义，放下武器接受和平解放。1949年1月马占山、邓宝珊、傅作义通过商议，决定响应和平号召，宣告和平起义，北平和平解放。新中国成立后，马占山居住于北京。1950年11月病逝，终年65岁。

20世纪30年代马占山在津寓所位于大理道9号，为一座三层英式小洋楼。正门设在大理道上，河北路有侧门，呈三角地形。楼三层虽不高，但充满浓郁欧式建筑风格。一楼右侧一间装饰有马占山将军简介、他的照片以及戎装立像。紧挨楼道左侧是一处较大型会议厅。

通过中部楼梯进入二楼，完全用黄褐色硬木装饰上下楼梯通道、护墙、地板、门窗，加上花纹雕刻格外典雅肃穆。过去这里多为办公室、卧室、休息室、卫生间所用。不少房间配有西洋油画。

三楼便是富丽堂皇贵宾厅，这里是举办高级会议以及宴请贵客就餐、歌舞、娱乐的地方，装饰得古香古色，具有深厚文化气息。

攻略

交通：乘4、619路公交车在河北路、马场道站下车即可到达。

孙震方旧宅

推荐理由

大理道 66 号为英式庭院别墅，孙震方故居，其父为民国时期孙氏财团中的孙多森。新中国成立后改为招待所，现为和平宾馆。毛泽东、周恩来同志曾在此下榻。邓小平、叶剑英、李先念、邓颖超、江泽民等 50 余位国家领导人先后在此住过。

大理道 66 号，现为和平宾馆，原为天津市政府第二招待所。房主叫孙震方，他的祖父的弟弟孙家鼐是清王朝状元，后任吏部、礼部尚书，官至学务大臣、大学士等，为京师大学堂第一任管学大臣。孙家鼐的长子孙多鑫和次子孙多森为孙氏财团的创始人。孙多鑫、孙多森两兄弟在上海开办了第一家机器面粉厂。1904 年孙多鑫被袁世凯邀约至津，委以奏折秘书、直隶官银号总办、天津造币厂总经理等要职。孙多鑫病故，孙多森被袁调至天津继续经营北京自来水公司、天津启新洋灰公司、滦州矿务局。1910 年他获得特许开办通惠实业公司和中孚银行，成为天津著

名的大资本家。1919 年孙家森也病故，孙多钰又接任了孙氏财团常务董事长。1946 年上海沦陷时勒令中孚银行停业，孙多方奔走竟搬动美驻华使馆司徒雷登和蒋介石的亲信吴忠信，于是同年 11 月 16 日由蒋介石手谕批准了中孚银行复业。新中国成立后 1951 年 4 月 21 日孙多珏病逝。

孙震方故居是座典型英式庭院别墅，建筑讲究红铁皮屋顶，木结构砖混，院内种植许多树木、花卉。孙震方故居院落为西班牙式建筑，室内装饰极佳、大门、门环、壁炉均有精美的装饰。新中国成立后归为天津市第二招待所，毛泽东、周恩来曾在此下榻。在此住过的党和国家领导人还有：邓小平、叶剑英、李先念、杨成武、万里、聂荣臻、彭真、贺龙、邓颖超、蔡畅、江泽民、李岚清等 50 多人。

攻略

交通：乘 13、685、855、862、879、904 路公交车到马场道、昆明路站下车即可到达。

袁世凯“怪楼”

推荐理由

本建筑为天津不可多得的“怪式”小洋楼。英德两国工程师精心设计，装饰豪华考究，结构合理。专门设有隐身处，脱身处。二三楼之间八角形房间几面窗均朝向海河。该楼为天津市重点保护文物。

袁世凯河南项城人（1859—1916），清末任内阁总理大臣，后攫取民国大总统之位。1916年做了83天皇帝后被赶下台。

1901年袁世凯任直隶总督时，其管家廉价买下奥租界金汤二马路海河之滨一处占地380多平方米的土地。袁世凯决定在这里建造一座富丽堂皇、造型别致的花园别墅。后委托英德两位工程设计师建造成为欧式古典建筑风格，共三层，54间，建筑面积2 100平方米。楼本身朝向海河与民主道。一侧为山墙，尖尖的山花，装饰着哥特式的雕饰，山花上形成三个台阶的水平层。屋顶为木结构，陡峭的红色与高耸的亭楼显得非常俏丽。从主楼凹形口进入，门廊是由方柱与圆柱相结合。底层有大客厅、餐厅、书房等。二层为卧室，从小转角楼梯上三楼。本楼有“主次”之分。主楼东侧有二层次楼为服务人员居住。整个建筑建有后花园，园内有假山、鱼池、亭台、花窖等。此楼为砖木结构，有两个特别地方：一有隐身处，二有脱身处。二楼有暗门直通楼顶，下通地下室。在二至三楼之间有八角形的房屋，几面窗户都朝向海河。建成后袁世凯并没在此居住过。

袁世凯一妻九妾，十七个儿子、十五个女儿，孙子辈近五十人。这些人不少住在国外及港澳台地区。袁氏在临终前嘱咐他的子孙“不要介入政治”。袁的子孙们没有辜负他的希望。其中一些子孙在科教领域做出了贡献：他的孙子袁家融、袁家诚均为教育工作者。其中最出名的要属袁家骝及其夫人吴健雄，他们都是世界上一流的物理学家，分别获得了美国博士学位。第二次世界大战期间，二人应美国政府邀请，在国防部从事原子核的研究工作，日后成为该领域的权威之一。1956 年李政道、杨振宁提出的“李杨定律”经二人的物理实验被证实。美物理学界誉吴健雄为“原子物理学皇后”、中国的“居里夫人”。1973 年袁吴夫妇多次回国进行学术交流，并担任台湾同步辐射研究中心主任。吴健雄女士于 1997 年病逝，终年 85 岁。袁家骝先生于 2003 年病逝，终年 91 岁。

攻略

交通：乘 901、802、905 路公交车至平安街站下车即可。

冯国璋寓所

推荐理由

这里原是由奥国工程师设计的一座豪华端庄素雅的奥地利式小洋楼，后冯国璋又新建一座。这两座楼房原在一个院落，统称“冯家花园”。近年来装修后面貌一新，它与袁宅成为这一地区亮丽的风景线。这里为天津市特殊文物保护单位。

冯国璋，直系军阀首领。河北省河间人，天津武备学堂第一期毕业，清末协助袁世凯创办北洋军，期间冯国璋等人编著《训练操法详晰图说》成为主要教材。冯国璋也曾对袁世凯称帝不满。袁死后北洋军阀分化，冯国璋被封为直系首领。1916 年当选副总统，1917 年代理大总统。1918 年被段祺瑞胁迫下台，1919 年病逝于北京。

冯国璋小洋楼坐落在奥租界，现民主道 50—54 号，与袁世凯“怪楼”相对。此楼原系奥地利一工程师的事务所，后被冯家买下。冯认为该楼工程师技术高超，于 1915 年按原建筑风貌扩建一座新楼。这两幢楼原为一个院落，后来分割为两处，建筑面积 4661 平方米，共有楼房 110 间，平房 54 间。整体砖木结构，多坡瓦顶，布局大方，朴实典雅。该楼设计考究别致，人称“冯家花园”。一度为办公所用，现已被全面整修，又恢复了昔日庭院风采。冯国璋在天津有房产三处，房间共620间。1919年冯国璋病故后，他的房产除其家属住用一部分外，其他大部分出租。1956年至1958年对出租的房屋进行社会主义改造成为公产。仅民主道这一处作为冯国璋旧居进行文化保护。

冯国璋的后代冯家遇曾留学德国，回国曾创办东方油漆厂等多种事业，在发展天津民族工业方面起了不可忽视的作用。

交通：乘901、802、905路公交车在平安街站下车即可。

攻略

张自忠旧居

推荐理由

张自忠是我国抗战以来唯一一位亲率部队冲锋杀敌、以身殉国的集团军总司令。天津市人民政府在海河沿岸(利顺德大饭店对面)雕塑了一座大型张自忠半身戎装像。张自忠旧居为天津市特殊文物保护单位。

张自忠旧居坐落在和平区成都道60号，这里是两座西式楼房，占地面积2 870平方米，建筑面积1 400余平方米。主楼前面有方柱支撑上下两层内廊，两侧外凸，呈多边形，上部设有阳台。主楼后部有过桥与后楼连接，院落宽阔，整个建筑庄重朴素。

张自忠1891年出生于山东临清，少年时读过私塾，青年时考入了天津政法学堂。1914年张自忠深感国家多难，抱着忧国忧民的情怀弃笔从戎，在冯玉祥部下当兵，之后在他几十年的军旅生涯中历任排长、连长、营长、团长、旅长、师长、军长、集团军总司令等职。1936年6月调任天津市市长，任职期间积极维护国家和人民的利益，不畏强权与帝国主义展开针锋相对的斗争。他得知外国商人出口我国羊毛从不纳税，当即下令扣留外商船只，从而迫使外商一律照章纳税，捍卫了国家的主权。

1937 年 3 月，英驻天津领事馆庆祝英皇加冕典礼宴会招待各国贵宾。日驻屯军司令自恃强大，霸道地提出要以最高来宾身份出席宴会。张得知后，义正词严提出抗议：在中国领土上岂能日方喧宾夺主，否则中国方面决不出席。最后英领事馆被迫改称张自忠为最高来宾。事后张只派了一名办事科长代为出席。

“七七事变”后，张自忠接替代理北京政务委员会会长及北平市长。后在平津两市相继沦陷后，他化装离开北平，辗转到南京，主动请缨赴前线杀敌。几年间转战肥水、临沂、豫南、鄂北一带，屡建奇功，给日寇以沉重打击。

1940 年 5 月日军集中了 15 万兵力，发动了枣宜会战，敌军分三路进攻枣阳、襄阳、宜禺等地。当时任第 33 集团军总司令的张自忠率部从右翼迎击向枣阳地区进犯的日军主力。出发前在军事会议上他对众将说：“在这条战线上，我们同敌人一定要拼到底，拼完算完，绝不后退！”5 月 7 日他置生死不顾，身先士卒，亲率手枪营和 74 师两个团，东渡襄河，截击北进之敌。14 日发现有五六千敌人南移，张自忠率部将敌军横斩为两截。敌军进退无路，用炮火猛烈轰击。15 日增援日军万余人向张自忠二千余人夹击。战事异常惨烈，部队伤亡惨重，张的左臂已负伤。在日军的机枪猛烈扫射中，张自忠连中数弹，倒在血泊之中。最终因敌众我寡，阵地被攻陷，张自忠及其部队官兵全部英勇殉国，他们用生命和鲜血谱写了一曲壮烈的爱国悲歌。

张自忠将军牺牲后国民党政府为他举行了隆重的葬礼。毛主席、周恩来、朱德都送了挽联，毛主席挽联上书写着“尽忠报国”。1946 年为纪念这位著名的抗日英雄，国民党政府将海河西岸沿河马路命名为张自忠路，一直沿用至今。1982 年 4 月 16 日中华人民共和国政府追认张自忠将军为革命烈士。

攻略

交通：乘观光 2 路、8、831、845、951 路公交车到张自忠路站下车即可。

周叔弢故居

推荐理由

周叔弢，我国著名的民族实业家，忠诚的爱国主义者，古籍文物收藏家。新中国成立后任全国人大常委、全国工商联副主席、天津市副市长、全国政协副主席、天津市人大副主任，为天津的发展做出了积极贡献。周叔弢故居为天津重点文物保护单位。

周叔弢，1891年出生于江苏扬州，祖籍安徽东至。周幼年读私塾，后自学英文。1919年28岁时随其四叔周学熙经营实业，历任青岛华新纱厂董事、唐山华新纱厂和天津华新纱厂经理、启新洋灰公司总经理等职，是北方民族实业界的代表人物。新中国成立前夕，他向民族资产阶级上层宣传党的工商业政策，影响较大。1949年9月全国第一次政治协商会议当选为全国政协常委。1950年出任天津市副市长。他在副市长的工作岗位上认真工作，为天津的城市建设做出了积极贡献。1954年至1983年周叔弢屡任全国人大常委、全国工商联副主任委员、全国政协副主席等职。

位于和平区睦南道129号的周叔弢故居是一座两层别墅式楼房，红砖坡顶，墙是褐色的疙瘩砖。这幢建筑平易简朴，楼房和院落紧凑而舒展。楼内一层是客厅，1950年周叔弢担任副市长时经常在这里接待客人。其余房间为市长办公室、卧室、餐厅等。周叔弢曾为国家捐献宋、元、明、清等朝代珍本725种，2 672册，后又献清代善本书籍3 100部，共计捐献图书3.6万余册，文物1千余件。这位爱国实业家从1950年至1984年一直住在这里，直至1984年2月去世，享年90岁，同年6月邓颖超同志到此看望了周的遗孀。

攻略

交通：乘13、858、685、862、904、871路公交车在湛江路站下车即可。

高树勋旧居

推荐理由

高树勋行伍出身，为人正直，作战英勇，屡建战功。1945 年任第十一战区副司令长官，经秘密准备率部队进行了震惊中外的邯郸起义。后经邓小平、薄一波介绍加入了中国共产党。新中国成立后当选全国政协委员，国防委员，河南省副省长。1953 年毛主席在北京接见并宴请了他。1972 年逝世于北京，享年 74 岁。

高树勋，河北省盐山县人，生于 1898 年，出身贫苦，先在北京店铺学徒，18 岁只身进川，在冯玉祥部队当兵，后追随冯玉祥在五原誓师，高树勋成为国民党员。

1935 年至 1940 年期间石友三任冀察战区司令兼察哈尔主席、第 39 集团军总司令。石友三在敌后不断进攻八路军，并勾结日军公开进行投敌活动。不仅自己当了汉奸，并要挟高树勋共同投敌，高不依，石怀恨在心，多次欲置高于死地，高都脱了险。1940 年 12 月石设宴招待高，伺机杀害。1 日 12 点石等进入摆有丰盛的酒宴大厅，当菜摆完后，高将计就计，突然将石友三缴枪逮捕，高命石自缢，石不从，几名士兵迅速将其勒死。1945 年 10 月高树勋时任国民党第十一战区副司令长官，经长期秘密准备，毅然率领部队进行了震惊中外的邯郸起义，后光荣地加入了中国共产党。邯郸起义推迟了蒋介石全面内战的进行，受到了中共中央及毛主席的高度评价，对解放战争的胜利做出了贡献。新中国成立后高树勋当选全国政协委员、国防委员会委员、河北省副省长。1953 年毛主席在北京亲切接见并宴请了高树勋。高树勋于 1972 年 1 月 19 日逝世，享年 74 岁。

睦南道 141 号是一处幽静的院落，绿树掩映着一所造型别致的英式小洋楼。故居共有房间 29 间，占地面积 1 275 平方米，建筑面积 641 平方米。砖混结构，暗红瓦顶，装饰考究，左侧突出一伞状塔梯，造型小巧别致，风格独特。

攻略

交通：乘 858、868、904、871 路公交车在湛江路站下车，步行不远即可找到。

汤玉麟故居

推荐理由

汤玉麟故居是一座突出意大利文艺复兴特征的建筑。内外墙突出巴洛克装饰。毛石基础，机砖墙身，花岗岩、砂浆罩面，布局对称，屋顶平衡。楼内装饰极为豪华，是一座富丽堂皇的西方宫殿。历经80多年仍保存完好。

汤玉麟故居位于意租界现河北区民主道38号。汤玉麟，山东烟台市掖县人，1871年生于辽宁义县。汤于1921年至1926年先后任过团长、旅长、师长、剿匪司令，安国军第十二军军长，后任热河都统，1926—1933年的约7年间，他是热河的统治者。汤在任期间横征暴敛、苛捐杂税多如牛毛，每亩土地征收土地税高达12~19元，另外还要缴纳军粮、军草、鸦片税等，并一再提前预征30余年，当地县长交不上来就被汤的手下打得死去活来。

汤用这些钱先后在天津、沈阳、哈尔滨等地购置多处地产。1933年2月日寇摆开进攻热河的架势，汤便乘一辆三轮摩托仓皇弃城上路，带着400多万块大洋也散落了一地，此时他还急命人在平津地区征集汽车并扣留了军车200多辆，装满在热河搜刮的私人财物运往天津宅邸。汤某却带兵逃至滦平、丰宁、沽源，后来被他部收编，1934年5月任军事委员会北平委员会高等顾问。1937年5月，寓居天津期间病逝，享年67岁。

汤氏豪华官邸

汤玉麟豪华官邸是1930年从北洋交通总长吴毓麟手里买下。这座公馆宏伟壮观,突出意大利文艺复兴时期的特征和风貌。内外墙为巴洛克装饰,具有典型的西欧建筑特色。

此故居为并排相连两幢主体建筑,楼内装饰华丽,犹如一座富丽堂皇的西方宫殿。汤宅共有楼房55间,平房7间。占地面积4 323.61平方米,建筑面积3 341.69平方米。右面为三层主楼带地下室。楼前大台基设有汽车跑道,入口大门为圆拱圈,两侧长方窗上套圆窗。门厅后为中央大厅,东西两侧是客厅、书房、办公室、卧室、浴室等。二层立面中央三个连拱廊,用混合式圆柱支撑,前部为带瓶饰栏杆柱的阳台。中央两大房间装饰有精美的柱子,四周环绕平台。半地下室作为厨房、贮藏室、佣工住房等。主楼两侧另建有单层舞厅,彩色玻璃顶,前部是阳台,两边各有一门厅和会客室。

左边为两层小洋楼。一层前部突出一碗形拱券,建有露台。房间内设有大客厅、舞厅、餐厅、休息厅等。院内还有传达室、警卫室、佣工室、杂役室、汽车房等。汤玉麟去世后,汤妻及子女将此楼卖给天津市供销合作总社。现为天津市工商管理总局办公使用。该建筑是一座保存完好的意大利古典式建筑,已被天津市列为第三批文物保护单位。

攻略

交通:乘868、828、90、14、905、904、802路公交车均可到达。
附近景点:梁启超故居、曹禺故居、意式风情街。

觉悟社

推荐理由

觉悟社是由周恩来、马骏等 10 余人和女界爱国同志会骨干邓颖超、郭隆真、刘清扬等共 20 多人宣告成立的。成立后第六天就请马克思主义者李大钊来社讲演，并被其肯定"觉悟社"是中国历史上的一大创举。觉悟社旧址为天津市文物保护单位。

觉悟社

觉悟社坐落在天津市河北区宙纬路三戒里 4 号。觉悟社是在 1919 年"五四"爱国运动中由天津市学生联合会和女界爱国同志会的骨干组成的革命社团。院内北屋是觉悟社成员经常活动的地方。周恩来是觉悟社的主要领导人之一。

经过 10 多天的筹备，1919 年 9 月 16 日由学联中坚周恩来、马骏等 10 余人和女界爱国同志会骨干邓颖超、郭隆真、刘清扬等 10 人共 20 多人宣告"觉悟社"成立。觉悟社本着"革新"、"革心"的精神，求大家"自觉"、"自决"，以此发表一切主张、演讲、著作都要灌输进步新思潮。成立后第六天就请北京大学教授、"五四"运动中有很高声望的马克思主义者李大钊来社讲演。他对觉悟社倍加赞赏和肯定，他说："这是中国历史上的一次创举。"10 月 10 日周恩来从北京返回天津领导了天津各界人士数万人在南开学校操场集会，纪念"双十节"，并举行了环城示威大游行。后遭到了反动军警的阻拦和殴打，邓颖超等 11 人受伤。天津女界和学联散发了由周恩来起草的“罢课宣言”，造成了强大的社会舆论。觉悟社成为天津爱国运动的领导和核心。

1920 年 11 月周恩来、刘清扬、郭隆真等赴法勤工俭学。觉悟社在成立一年多的时间里，在中国现代史上写下了光辉的一页。

觉悟社旧址陈列室展示出大量历史文献、文物、历史照片（含邓颖超于 20 世纪 80 年代参观觉悟社时的珍贵照片）、雕塑、模型等，为天津市重要的爱国主义教育基地。

天津女星社

1923 年以邓颖超、李峙山、谌小岑等一批青年马克思主义者和进步分子共 20 多人组成了“天津女星社”。其宗旨是“实地拯救被压迫的妇女，宣传妇女应有的革命精神，力求觉悟女子加入革命运动”。它以《女星》和《妇女日报》为阵地，向封建恶势力、帝国主义和反动军阀展开猛烈的进攻。

它联合社会进步力量，为改革妇女教育，改善妇女社会地位、为拯救受残害的妇女、为声援各地工运等做了大量有益工作。“天津女星社”在天津乃至全国产生了广泛影响。由于“女星社”具有鲜明的革命性，受到了北洋政府的镇压，邓颖超遭到通缉，1925 年春邓颖超被派到“广州女星社”，其他骨干陆续离津后，“天津女星社”停止了活动，完成了它的历史使命。

为了便于游客参观，现“女星社”迁址到河北区与“觉悟社”在同一个胡同内。

攻略

交通：乘 4、632、18、6、31、904l 路在黄纬路、三马路站下车，前行 300 米即到。

附近景点：大悲禅院、天津之眼。

中共中央北方局

推荐理由

和平区黑龙江路隆泰里19号是一座普通小二楼，这里就是中共中央北方局的旧址。刘少奇同志担任中共中央北方局书记时，就住在这里。他在这里组建北方局后传达和执行了中共中央工作精神，并领导了数千名学生反日大游行，使天津市的党员从十几名发展到400多名。中共中央北方局书记先后由彭真同志、杨尚昆同志担任。中共中央北方局旧址为天津市文物局保护单位。

中共中央北方局旧址

位于天津市和平区黑龙江路隆泰里19号是临街的一幢二层砖木结构的小楼。二楼临街三个窗户，左边第一个木地板的房间，就是刘少奇同志居住过的地方。当时他以教书先生因病修养的名义住在这里。屋内有一张木板床、一个小方桌、两把藤椅、四把木椅和一个煤球炉。后来为适应居室主人的身份，又添了一个大衣柜。

1936年春，为了贯彻党中央瓦窑堡会议精神，建立抗日民族统一战线，我党彻底转变白区工作路线。七月初刘少奇同志受党中央的委托来津，担任中共中央北方局书记。在法租界石教士路（现今黑龙江路隆泰里19号）建立了北方局机关，领导华北地区的抗日运动。在刘少奇的主持下，重新组建了北方局（原北方局与河北省委是一套班子），彭真任组织部长，陈伯达任宣传部长。

刘少奇根据中央精神和北方各省的具体情况，批判和纠正了“左”倾路线的错误，从理论上、政策上、工作方式上对北方党给予具体指导。1936年5月28日，在刘少奇同志领导下，天津数千名学生组织了声势浩大的反日大示威。有力地打击了日本帝国主义侵略行动的气焰，从而产生了广泛的社会影响。到1936年底，全市共产党员由原来的几十人很快发展到400多人，使天津的抗日救亡运动广泛深入地开展起来。

随着形势发展的需要，中共中央北方局的书记几次变动，先后由彭真同志、杨尚昆同志等担任。

刘少奇同志在这里撰写了《肃清立三路线残余——关门主义冒险主义》《关于白区职工运动的提纲》等文章，对贯彻瓦窑堡会议和北方抗日民族统一战线做出了贡献。1937年3月，北方局撤离天津，中共中央北方局的出现为贯彻瓦窑堡会议精神，建立北方抗日民族统一战线做出了突出的贡献。

攻略

交通：乘901、631、606、650、643路公交车即可到达。

附近景点：津湾广场、解放桥、大沽桥。

平津战役纪念馆

推荐理由

平津战役纪念馆是由中共中央决定在天津修建的、一座全面介绍平津战役的现代化展馆。采用了现代化多媒体方式，全面真实地再现了平津战役全过程。平津战役纪念馆为全国红色旅游景区。

平津战役纪念馆，位于天津市红桥区平津道8号、子牙河桥西侧的植物园预留地内，于1997年建成，占地4.7万平方米。该馆是反映中国解放战争三大战役之一——平津战役的专题纪念馆。聂荣臻元帅为纪念馆题写了馆名。

平津战役纪念馆共3层6个展厅，740米展线，陈列了2 500多件珍贵历史文物。展馆主要由多维演示馆、纪念广场、胜利花园、序厅、战役决策厅、战役实施厅、人民支前厅、伟大胜利厅、英烈业绩厅等组成。纪念馆主体建筑雄伟挺拔、气势磅礴，既蕴含中国传统韵味，又富有现代审美风格。前区是暖灰色花岗岩饰面、斗拱造型的三层展馆，古朴庄重；后区是金属材料构成的巨大银灰色球体建筑，恢宏壮观。聂荣臻元帅亲笔题写的"平津战役纪念馆"七个金色大字，镶嵌在展馆的巨大牌楼式眉额上，为纪念馆增添了光彩和神韵。

攻略

交通：乘观光1路、校线7路、37、47、48、628、657、676、700、800、837、860、865、879、907、911、952、961、962路至平津战役纪念馆站可达。

推荐理由

中共天津党组织自建立后组织和领导了天津工人、学生等各界的运动。1924年至1931年中共中央决定在天津建立顺直省委组织领导了白区工作。抗日战争中，林枫、刘少奇主持北方局工作，得到中共中央的肯定。解放战争中，天津地下党在提供情报、护厂、护校、上层统战工作中功不可没。在社会主义建设和改革开放中、在党中央和天津市委领导下，天津各项工作都取得了巨大的胜利。

中共天津历史纪念馆（天津市建党纪念馆）

1960年中共天津市委决定在原天津地委旧址建立了中共天津历史纪念馆"天津市建党纪念馆"。1961年7月1日正式开馆，1998年迁址到现今的山西路98号。投资700多万元新建了1 500平方米纪念馆，共三层六个展室，通过大量真实的历史文物及影像资料生动地展示了在中国共产党领导下80多年来天津所取得的辉煌业绩。

中国共产党成立后，天津的党团按照党的指示，筹建中共天津地方组织。1924年中共天津地方执行委员会成立。江浩同志于同年9月当选为中共天津地方执行委员会主任。于方舟，1924年9月当选为中共天津地方执行委员会会长。李锡九，是天津市最早的共产党员之一。1924年9月当选为中共天津执行委员会宣传部长。展馆介绍了天津在中共中央党组织在1924—1927、1927—1937、1937—1945、1945—1949四个阶段中在天津市组织的各项运动、领导的各场战役，以及展示了新中国成立后中共中央在天津的社会主义建设和改革开放中对天津发展的深切关怀。展馆内容非常详尽，共展示了400多件珍贵历史照片和文物。

攻略

交通：乘1、610、860、619、693路公交车即可到达。

盘山烈士陵园

推荐理由

盘山烈士陵园内安葬有205名革命先烈，主墓为冀东军分区副司令员包森、冀东西部地委书记田野。馆内展示还有珍贵革命文物200余件，及大量文献资料、图片等。园内的石海是抗日战争战斗遗址。我军利用石隙抗击敌人两天两夜，最后突围取得胜利。蓟县盘山烈士陵园为全国百家爱国主义教育基地。

为了纪念在抗日战争中牺牲的革命烈士，蓟县盘山烈士陵园1959年基本建成。烈士陵园建在盘山南麓，清泉奇石，苍松翠柏，果树成林，风景秀丽。总面积三百亩，主要建筑有烈士纪念塔、烈士墓区、革命烈士纪念馆、盘山抗日斗争事迹陈列馆、烈士骨灰堂。整个建筑富有民族风格，宏伟壮观，肃穆庄严。

烈士纪念碑巍然矗立在陵园北部最高的地方。碑基1 177平方米，碑身用汉白玉石块砌成，上面镌刻着齿轮麦穗图案，象征着工农联盟。碑高27．5米，在一二十里外就能瞻仰到它的雄姿，它象征着革命先烈的崇高形象。碑身正面，镌刻着聂荣臻元帅的亲笔题词“光荣烈士永垂不朽”八个镏金大字，光芒耀眼。左侧镌刻着谢觉哉题词“永远活在人民心中”；右侧镌刻着宋劭文题词“抗日英雄浩气长存”；后面镌刻着李运昌题词“为人民革命事业而牺牲的英雄们永垂不朽”。题词表达了党和人民对革命先烈的无限敬仰和深切怀念。

碑前甬路两侧为烈士墓区，安葬着205名阵亡先烈。主墓为冀东军分区副司令员包森和冀东西部地委书记田野，陪墓32座，群墓171座。

盘山抗日斗争事迹陈列馆展出了抗日战争时期的珍贵革命文物二百余件，还有

大量的文献资料和图片，生动形象地概括介绍了盘山抗日根据地军民可歌可泣的动人事迹。

园内的石海就是昔日的小石城。石海现存五六亩，无数巨大的圆石、长石、怪石，姿态万千，为天下奇观。石海洞穴遍布，有的深不见底。这里也是著名的抗日战争时期的战斗遗址。1941年春，八路军十三团一营，利用这一天然屏障，抗击数倍日军两天两夜，最终取得了突围战的胜利。

多年来，在国家有关部门和市委、市政府的大力支持下，蓟县县委、县政府先后拨专款数百万对陵园进行养护和维修，陵园的建设规模不断扩大，面貌和功能已经发生了更为可喜的变化。

攻略

交通：坐火车到蓟县火车站，转乘到盘山的公交车即到。

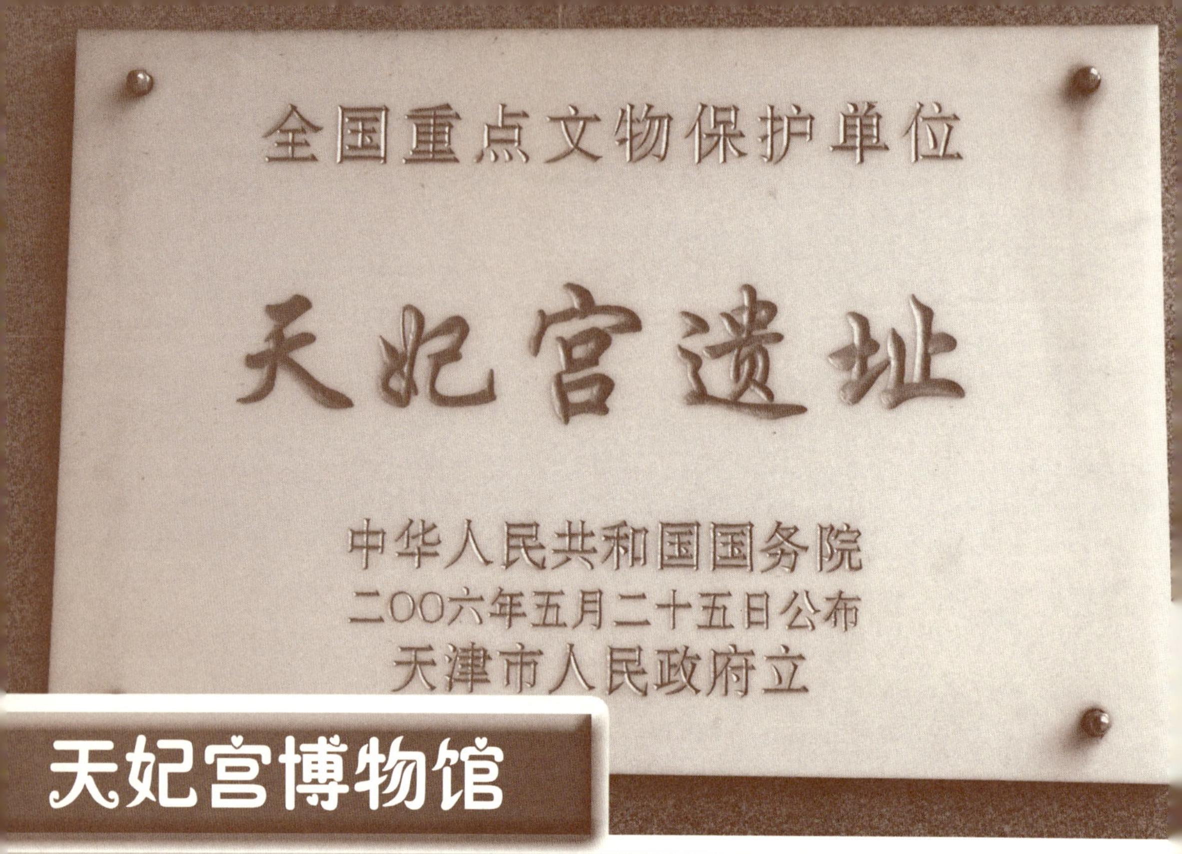

天妃宫博物馆

推荐理由

元代时海运的“万户府”和“接运厅”设在这里，这里也是天津建立最早的第一个天妃庙。经国家考古专家鉴定确认“大直沽是天津历史文化名城原生点。天妃宫遗址是这个原生点的标志。”从而证明“先有大直沽，后有天津卫”真实可信的历史。

先有大直沽，后有天津卫；有了大直沽，才有天妃庙。

据各种史料和考古发掘，汉朝时期，天津一带刚刚退海，遍地沼泽，地势低洼。外地迁移来的居民三家五舍，聚居高地，并多靠熬盐、捕鱼、卖草、种苇过活，因水产丰富，使得居民渐渐结成村落。大小直沽就是古老的村落之一。汉、晋、唐时天津开始发达，中心设在军粮城。到了金、元时代出现了海运。元朝建都于北京，大量的粮食要由南方供应，因此海运逐渐兴盛，每年运载量可达到两三百万石以上。如此多的粮食要在直沽中转（直沽为海运的终点或交卸地），可见直沽在海运上的地位。元代漕粮行海运，中心移到了大直沽。起先海运从上海到达天津的杨村码头（后经内河河西务至通州的京仓），屯粮在军粮城。朝廷在大直沽建立了“万户府”和“接运厅”。随着漕运的兴盛，妈祖娘娘也来到了这里，大直沽第一座妈祖庙“天妃灵慈宫”诞生。据《河东大直沽天后宫碑记》称：“泰定间弗戒于火，福言于都漕运万户府。朝廷发官帑钱，始更作焉。”简言之，泰定年间（约在1324—1327年间），大直沽天妃宫被烧毁过，重修天后宫是“官帑”。据1998年12月至1999年1月，为配合城市建设，天津

市考古工作队对天后宫遗址进行挖掘时，发现了元代基址与明清时期的大殿基址。2000 年 9 月国家文物专家组专门对遗址进行了鉴定，确认大直沽是天津历史文化名城的原生点，天妃宫遗址是这个原生点的标志，是天津极为宝贵的历史遗迹。通过考古进一步证明了“先有大直沽，后有天津卫”这句话。

大直沽的天妃宫比建于明代永乐二年（1404 年）的天津卫城还要早 100 多年。它与福建湄洲妈祖庙、台湾北港朝天宫并称为三大妈祖庙。

大直沽天妃宫博物馆由原全国人大常委会副委员长王光英题写的馆名，馆内中央大厅展示的是考古发掘出土的元代建筑基址以及明清时期天妃宫大殿基址。两层展厅共 200 多米长的展线，展出 200 多件出土文物及 300 余幅图片。展览的主题为“海洋的旋律”，分为“浩瀚的海洋、神奇的妈祖、河与海的城市、永恒的遗址”四个部分。讲述人类认识、利用海洋，从事海洋文化活动过程，以及妈祖文化形成的原因和过程，也见证了天津这个城市的形成与发展。博物馆前矗立一柱式妈祖像，通柱象征桅杆，采用浮雕手法，从下到上雕刻着代表元、明、清三代不同的海洋图案，顶端立一尊妈祖像。她站在海边，双手捧在胸前，极目远望，身上彩带随风飘舞，她期盼远航的人们平安归来。博物馆首次把神话的妈祖还原为“人”，从人本位出发来认识妈祖。

攻略

交通：乘 840、91、642、92 路公交车即可到达。

广东会馆

推荐理由

广东会馆主体建筑平面呈长方形，门楼高大，门匾刻有“广东会馆”，主体建筑为戏楼，是目前我国规模最大、保存最完好的古典式戏楼。

广东会馆位于天津南开区鼓楼南街 11 号，是国家级戏剧博物馆，在鼓楼东街上的门经常开启。

广东会馆始建于清光绪二十九年（1903 年），由天津海关道唐绍仪倡议修建。耗资九万两白银，占地 23.4 亩，整个建筑含大会馆、广业公司、同乡宾馆、南园等。现在保留的主体建筑占地 2 000 多平方米，由门楼、四合院和戏楼组成。

会馆主体建筑呈长方形，南北长 75.74 米，东西宽 36.6 米，建筑面积 1 461 平方米，南部为四合院，北部为戏楼、东西为贯通南北的箭道。会馆正门为一座高大门楼，上设门匾一块刻有“广东会馆”四个大字。门两边有石狮子一对。进深为四合院，又分正房和东西配房。正房为祭祀、议事厅。正房与配房出卷棚顶前廊，并与门楼连成一体组成回廊，结构严谨。正房以北是一独立的小天井，再往北便是戏楼。

主体建筑为戏楼。戏楼内完全木结构，上筑高大的罩棚顶，下设观众席，木装修。其有以下三个方面的特点。

（一）空间跨度大。观众席间没有殿堂金柱，殿堂空间跨度之大在我国古代建筑史上都是十分罕见的。

（二）结构巧妙。戏楼的舞台设计充分融入了我国古建筑中的力学和声学原理。舞台顶部是一个玲珑剔透、金碧辉煌的螺旋状回音壁，由数以百计的异形斗拱组成。它将舞台上的声音吸进，再折射到剧场各个角落。

（三）装饰精美。广东会馆外围墙体是北方磨砖对缝的建筑风格，内檐装修则突出广东潮州特色，以木雕为主，辅以砖雕、石雕。以舞台木雕为整个建筑装饰精华之所在。

广东会馆建成以来，对于促进我国南北经济的沟通发挥了积极作用。例如，广东的土特产、木材、药、酒、香料等源源不断涌入天津。特别是 1912 年时，资产阶级民主革命的先驱孙中山先生北上天津，曾在广东会馆发表了重要演讲，发出了“我中国四万同胞同心协力，何难称雄世界”的呐喊。

广东会馆重要事件有：

1919 年 8 月 13 日邓颖超在此为难民做募捐义演，女扮男装，演出话剧《安重根刺杀伊藤博文》；

1925 年在天津地下党领导下，汇集印刷、纺织等 20 几个行业的工人在此成立了总工会；

1991 年被评为全国优秀近代建筑；

2001 年 7 月广东会馆晋升为国家级文物保护单位；

2002 年广东会馆被收入《世界精品建筑》，天津独此一家。

天津广东会馆也是天津戏剧博物馆，馆内重点介绍中国京剧发展史和剧中生、旦、净、丑等，以及天津京剧发展史等。

历史上也为京剧名家的演出场所，像孙菊仙、杨小楼、梅兰芳、尚小云、荀慧生，以及 20 世纪 60 年代初红线女等著名表演艺术家均曾在此献艺。

攻略

交通：乘 1、4、5、15、24、606、610、611、634、651、653、657、658、688、806、824、836、846、900、907、观光 2 路公交车至鼓楼站下车即可。

天津杨柳青木版年画博物馆

推荐理由

杨柳青木版年画是我国民间艺术中的一朵奇葩，已有400多年历史，汲取了中国工笔重彩画和民间版画的精华。笔法细腻，色彩艳丽，题材丰富，生动有趣，被国务院列为首批国家级非物质文化遗产，有“民间大百科全书”之称。杨柳青木版年画博物馆中的有些藏品从未在他地向世人展示过。

杨柳青木版年画博物馆位于天津市河西区佟楼三合里111号，建筑面积3 535平方米，展览面积1 724平方米。共7个展厅，分别是“历史传流”“戏曲故事”“古版藏珍”“仕女娃娃”“世俗生活”“中国年画”。

杨柳青木版年画始于明末，至今已有400多年历史。其内容凸显民俗传统，成为人们迎接新岁的重要载体，表达了民间百姓的精神天地和文化的连续性，为此有“民间大百科全书”之称，被国务院列为首批国家级非物质文化遗产。

展馆中有些藏品极为珍贵，其中立轴大画《大福星》为明代福禄寿三星画中的堂画，是馆中年代最早、尺幅最大的一幅孤本。

在年画馆入口处，两侧立有一对高2.5米、宽1.2米的巨型门神，是馆内国家级非物质文化遗产传承人王文达带领三位木刻工艺师用一个月的时间雕刻而成，堪称经典之作。左侧还有一幅过年题材的年画，画长8.5米，高2.4米，是迄今为止最大一幅年画作品。除此之外，在“中国年画集锦”展厅中还展出有四川绵竹、江苏桃花坞、山东杨家埠等地的年画，呈现了我国各地的年画风采。

攻略

交通：乘9、47、48、95、175、662、677、685、698、831、845、855、870、871、872、902、904、951、963、观光2路公交车到天津河西区佟楼站下车即可。

天津美术馆

推荐理由

天津美术馆是天津文化中心重要组成部分，是一座集收藏、展览、征集和研究为一体的大型专业美术馆。天津美术馆为天津市重点文化项目。

天津美术馆位于河西区平江道上，建筑面积3.2万平方米，地上4层，地下1层，展区总面积1万平方米，是我市首个以收藏、研究、推广、展示近现代以及当代艺术家作品的综合艺术展览馆。馆内又分为当代艺术展区（著名画家张大千、徐悲鸿、齐白石、严复、罗振开、徐世昌、华世奎等大家的作品均在此展出）、现代艺术展区、多功能美术展区和中国艺术展区：这不仅是全市画家期盼已久的重大工程，也是全市百姓普及美术艺术、传播先进文化的一项重要的民心工程。开馆后这里举办了多个艺术展览，以其高品位的艺术品、典雅优美的环境和艺术氛围为观众营造了一个愉悦轻松的文化休闲场所。

攻略

交通：乘662、668、686、835、868、912路公交车在博物馆站下即可到达。

附近景点：博物馆、图书馆、大剧院、阳光乐园、银河购物中心等六大景区。

天津文化中心图书馆

推荐理由

天津文化中心图书馆是天津市文化中心重要组成部分，建筑面积 3.7 万平方米，地上 5 层，地下 1 层，1 层为共享空间，2 至 5 层为书刊、文献、古籍、专题文献阅览区，藏书 600 万册。新图书馆为读者营造了一个“大气简洁”“美丽高雅”的良好读书、休闲氛围。

图书馆位于天津市文化中心中部，为中心的重要组成部分，建筑面积 6.5 万平方米，地下 1 层，地上 5 层，1 层为综合共享空间，2 至 5 层为书刊文献、电子文献、古籍及专题文献阅览区。馆总藏书量为 600 万册，其内部是一个对称的大敞开空间。

天津文化中心图书馆为天津市最大的全功能图书馆。首层设置了南北贯穿的通廊式共享空间，以两个开放的大型入口北侧是中央人工湖湖畔广场，南侧是城市空间。

图书馆的设计有以下特点：(1)流量较大的书刊借阅功能区是在二、三楼，使读者省时省力，登扶梯便到；(2)整体空间格局采取阶梯式布局，视野开阔，新颖且观瞻性强；(3)二层阅览区设有一个较大的读书平台，空间大而阔，出入通畅，是休闲、读书、学习的最佳环境；(4)它的旁边还设有 1 800 平方米的报告大厅，可以进行读者经验交流、专题报告会等，更好地发挥了图书馆的服务功能；(5)图书馆采用箱板式结构，营造了美观大气的读书氛围。

攻略

交通：乘 662、668、686、835、868、912 路公交车天津博物馆站下车即可。

附近景点：天津文化中心博物馆、美术馆、大剧院、阳光乐园、银河购物中心等。

天津科学技术馆

推荐理由

天津科学技术馆(以下简称科技馆)是中国最早建成的大型现代综合性科普设施。

科技馆的展品集科学性、知识性、趣味性、参与性、艺术性于一体,参观者还可直接参与或操作,通过视觉、听觉亲身体验到科学技术带来的乐趣。这里还有一座引进美国 360 度全天域穹幕电影放映系统,可看科学探索影片,又可观看奇妙的天文节目。

天津科技馆于 1992 年开始兴建，1995 年元旦正式向社会开放,世界著名的数学家、几何学家、中国科学院院士、美国科学家院士陈省身为该科技馆名誉馆长。其建筑规模、展品数量、服务功能具有国内先进水平,是中国内地地区最早建成的大型现代综合性科普设施,占地 4 万平方米,建筑面积 2.1 万平方米。展厅 1 万平方米,设 14 个展区,共 300 件(套)展品。

身临其境、体验惊险——宇宙剧场

科技馆宇宙剧场位于该馆主体建筑上方 30 米直径球形建筑内,是目前中国内地地区唯一一座兼有天文功能的宇宙剧场,装备有从美国引进的 360 度全天域穹幕电影放映系统和数字式电子天象仪放映系统。观众可坐在舒适的座椅上观看奇妙的天文节目或科学探索影片。

科学殿堂、高雅享受——常设展厅

常设展厅是科技馆的主题部分，其建筑面积 1 万平方米，大空间构造。展厅分上下两层，按不同的学科或专业技术门类设 13 个展区，共有 318 件(套)展品。展厅布局气势恢宏。分区布展又各具特色，使观众进入展厅犹如置身于科学殿堂之中。

启迪智慧、培养能力——动手动脑园区

在天津科技馆常设展厅内有一处专为青少年开辟的动手动脑园区。在这里同学们可在工作人员的指导下自己亲自动手造一张纸、捏一个泥人、做一个陶器、画一幅“沙画”……如果你要试试自己的力量或反应能力，这里还有专门的测试设备。

科技馆的展品集科学性、知识性、趣味性、参与性、艺术性于一体，借助了声、光、电、计算机等现代化展示手段，生动形象地向观众普及科学技术知识，参观者在直接参与操作展品的过程中，通过视觉、听觉、触觉等感受，可以亲身体验到科学技术带来的乐趣。天津科技馆现已经被命名为“全国中小学爱国主义教育基地”“天津市科普教育基地”“天津市爱国主义教育基地”“天津市国防教育基地”等。

攻略

交通：乘公交车 632 路天津科技馆站下车即可。

天津自然博物馆

推荐理由

自然博物馆已有百年历史，其前身为1914年法国人桑志华在马场道（现今天津市外国语大学） 开办的北疆博物馆。新中国成立后建为天津市自然博物馆，藏品达万件之多。现今的自然博物馆为天津市青少年科普教育基地。

自然博物馆新址位于天津市河西区文化中心、原天津市博物馆内。占地面积5万平方米，展示面积1.4万平方米。主体结构钢混凝土框架，剪刀墙支撑结构，房顶为钢网壳。建筑平面呈半圆形，直径达186米。它的外形为仿“天鹅”造型。建筑线条流畅，极富时代感与艺术性。室外设有6 500平方米的天鹅湖，与主体建筑浑然结合，使其赋予了科技元素与自然内涵的双重标签。展出的各类标本近万件，有很多标本是首次与观众见面。新馆陈列以“家园”为主题展示其特色。在科普教育等多方面进行综合创新，是全国第一个主题单元化、全景式展示的自然探索、科学体验、科学教育的自然史博物馆。

天津自然博物馆新馆以“家园”为总主题，从户外“家园·足迹”到首层“家园·探索”，从二层“家园·生命”到三层“家园·生态”，讲述一个从远古到当代、从世界到天津的“家园”故事。首层“家园·探索”展区分为展示区及综合服务区两大部分，展区设有巨型恐龙骨架及国内首家博物馆内的活体蝴蝶园。二层“家园·生命”展区由“远古家园”和“现代家园”两大部分内容组成，展示地球家园38亿年来生命世界的演化历程，展出各类标本近万件。《环球动物之旅——肯尼斯·贝林捐赠世界野生动物展》位于三楼“家园·生态”展区，主要展出由环球健康与教育基金会主席、国际著名慈善家、天津市荣誉市民肯尼斯·贝林先生捐赠的近300件珍贵的世界野生动物标本。

自然博物馆向观众免费开放，实行以身份证领票参观。在馆内可根据自身的需求和兴趣细细品味自然、探索自然。

自然博物馆将提供各种电子系统服务，如电子票、微信等，其中还有数字化的讲解形式。

攻略

交通：乘662、668、686、835、868、912、529、641、675、800、826、838、906、655路公交车，至宾馆南道站或天津博物馆站下车即可。

天津极地海洋世界

推荐理由

天津极地海洋世界是目前国内最大的极地海洋馆，连同阳光海游城、酒店式公寓、城市旅游大道、嘉年华板道街等五大功能区构成，集吃、住、行、游、购、娱为一体的大型旅游项目。占地 18.7 万平方米，投资 16 亿人民币，极地海洋馆占地 47 761 平方米。它的建成将成为滨海新区旅游业增强新的活力，也将成为全国旅游的新亮点。

天津极地海洋世界位于天津市塘沽区响螺湾旅游板块，地处海河南岸，面向海河，对岸是塘沽区商业中心及外滩公园；东临规划建设中的滨海新区响螺湾外省市商务区，整体投资 16 亿元人民币，占地面积 18.7 万平方米。

天津极地海洋世界外观造型酷似畅游中的白鲸，主馆最大高度 43 米，最高建筑高度为 67 米。人们可以“白鲸”的身体里感受仿真的极地世界，观赏白鲸、海象、北海狮、海狗、海獭、北极熊、海豹、企鹅等珍稀的极地动物。同时，白鲸、海豚、海狮等大型海洋哺乳类动物将奉上精彩表演。

天津海洋极地世界是一个高起点、高品质、高科技的国内领先的，并带有很大程度科普公益性的旅游景点，将以其鲜明的特点，独特的风貌给天津及周边地区人民带来浓郁的极地海洋文化气息和欢乐。

攻略

交通：如果从市内去，可先在中山门乘轻轨，到塘沽站下车，改乘塘沽 110、824 路公交车在极地海洋馆站下车即可。

附近景点：潮音寺、大沽口炮台、北洋水师纪念馆。

滨海航母主题公园

推荐理由

滨海航母主题公园位于天津汉沽八卦滩，其中展有飞机、大炮等军械，但其中的明星是那艘“基辅号”航空母舰。

“基辅号”集航空母舰、巡洋舰于一体，除装备各种导弹外，还载机34架次。即能空战，又可担负反潜、电子战、侦察等多种任务，被视为苏联“国家名片”。

改装后基辅号航母像一座海上城市，集趣味、娱乐、餐饮等多种功能。它不仅是一座舰艇，还是一座完美的艺术品。滨海航母主题公园为国防科技教育基地。

“基辅号”航母1970年7月建造，1975年服役，1994年退役，共服役19年，最初被定位为反潜巡洋舰。它在历史上虽未参加过任何战役，但服役间曾出访印度、朝鲜及阿尔及利亚等国家。

基辅号航母全长273.1米，深21.6米，排水量40 500吨，自重2.3万吨，全舰17层。搭载12架战斗机，21架直升机，可载士兵1 200名。飞行甲板在基辅航母左半部，长200米，宽30米，整个甲板有3个足球场大小。甲板后方有长方形升降口，下方是一个约3 000平方米的机库，甲板上有6个飞机起降位置。航母右半部是一艘导弹巡洋舰的模型，装备着对空对海攻击的各式武器，交错布置了4座仿真SSN－12型远程舰对舰导弹，弹仓有10米长，16枚仿真导弹编成2组。航母的前甲板上，有2座双联装对空导弹发射架，2架反潜深水炸弹发射架，一座双联装76毫米口径火炮，一座井式对空弹导发射架。航母的舰桥与桅杆有十几层楼高，它的前部几层舱室是航母的指挥中心，编队司令、舰长在此发号施令。舰内有鱼雷发射舱、鱼雷、深水炸弹显示控制台、反舰、反潜导弹控制台、飞机起落指挥控制台、三架对空导弹舱、反潜导弹舱、二架对空导弹舱等现代军备。

基辅号航母就像一座海上城市，以多变的面孔供人观赏。因此，乘船变换一些角度来欣赏航母，也是别有一番味道，有一种强有力的视觉冲击。这时呈现在您面前的，并不是单单的一艘舰船，而是一座完美的艺术品，显现出它那强悍、威武的巨大身躯，让人感受到它的那种震撼力。基辅号航空母舰的永久停泊，也昭示出人类世界对永久和平的期望。

此外，滨海航母主题公园还开辟有基辅号军事生活展、世界航母博物馆、世界兵器展、水下武器展等极为精彩的“四大展示”项目，同时还有珍贵的基辅号资料片、世界海军与航母发展史等资料影片供观赏。此外，舰上还设有航母纪念品、兵器模型、酒水吧、军事收藏品、俄罗斯工艺纪念品等独具特色的旅游商业服务。

攻略

交通：北京方向的游客可乘火车到塘沽站，乘110路公交车到洋货市场，转乘133路到滨海航母主题公园；天津方向的游客可乘津滨轻轨到洋货市场乘133路到滨海航母主题公园。

宝成奇石园

推荐理由

“东方宝成奇石园”是天津民营企业家柴宝生投资 1.2 亿人民币所建，入选了“吉尼斯世界大全”。整个景区内建有 9 层振国宝塔、佛教、天王殿、大雄宝殿、观音阁、钟鼓楼等，雕梁画栋，金碧辉煌。奇石园内还创有 6 项世界吉尼斯纪录。宝成奇石园为国家 AAAA 级景区。

宝成奇石园位于津南区双桥河镇宝成新村，是目前世界上最大的天然灵璧石人造石林，拥有奇石、名石数十种共 4 000 余块。宝成奇石园主要以素有“天下第一石”之美称的灵璧石、山石中的珍宝——木化石和太湖石为主。此园收集的奇石本着来于自然、

奇石苑一角

高于自然的宗旨，并依其天然造型进行整体布局，具有很高的观赏和收藏价值。其中最引人注目的如“佛祖悟禅”，此石高 10.07 米，重达 73 吨，号称“亚洲第一巨石”。

宝成奇石园包括灵璧宫、乳石厅、生物化石展厅等。

灵璧宫收集了 300 多块精品灵璧石，以收藏数量最多载入基尼斯大全。

乳石厅是难得一见的地下奇观，全部来自广西喀斯特地貌洞穴，石料重达 27 吨，是国内已切割下来的最大、最重的一块岩溶观赏石。

生物化石展厅收集以辽西、河南、甘肃、贵州等四个地区的化石为主，其中包括“世界第一树化玉”“翼龙化石”等五件世界上独一无二的绝品。

宝成奇石园内共有 6 项世界基尼斯纪录：

天然灵璧石人造石林 4 000 多块；

最长的汉白玉浮雕；

灵璧宫收集了 300 多块精品灵璧石；

全长 21 米的世界上最长木化石，直径 0.8 米；

镌刻有中国历史上五百多个名人的签名手迹和印章；

木化石数量达 388 座，为收藏数量最多的木化石石林。

攻略

交通：在天津站乘 808 路公交车，在咸水沽站换乘 208 路可直接到奇石园。

热带植物园

推荐理由

天津热带植物园为亚洲最大的室内植物园，国家 AAAA 级景区。集世界各地许多珍稀树种，如龙血树等。

天津市热带植物园坐落在天津市外环线 7 号桥，在华北地区最大的花卉集散地——曹庄的花卉市场内。总投资 2.6 亿元，占地面积 500 亩，建筑面积 4 万平方米。为钢结构、全透明、大联体式建筑。集观赏、娱乐、休闲、购物、科普教育于一体，堪称亚洲最大的室内植物园。为天津市增加了一处特色旅游景点。

热带植物园在国内首创采用进口先进环保、节能型燃气辐射供暖系统，智能化的通风、遮阳、降温技术设备。在寒冷的北方已属创举，为天津市青少年科普教育基地。园内设有综合服务厅、精品花卉厅、科普教育厅和热带雨林厅。各展厅之间衔接自然、和谐、流畅，寓教于乐，满足了游客多层次需求，使游人更加了解自然、热爱自然，给游人以美的享受。

攻略

交通：乘 645、616 路公交车在曹庄子站下车即可。

塘沽博物馆

推荐理由

塘沽博物馆，2007 年建立，位于天津市塘沽区中心路 988 号副 1 号，800 余件藏品，文物珍品有大沽铁钟等。

塘沽博物馆位于中心路南端的河滨公园与海河临界处，建筑面积 8 100 平方米，展陈面积 6 000 平方米。其建筑外形南高北低，平面呈橄榄形，造型独特，极富时代感与艺术性。塘沽博物馆由序厅、东厅、西厅三部分构成，分“沧海桑田”“盐兴漕畅”“海门古塞”“工业兴邦”“沽口曙光”“明珠璀璨”六部分主题，采取博物馆与纪念馆相结合的陈列艺术形式、传统与现代手段相结合的陈列方法，客观而生动地展现了塘沽自宋代至今 800 多年的历史变迁，更多地展现出塘沽在中国近代史上的重要定位及丰厚积淀。

塘沽博物馆——塘沽历史

公元 1206 年前后，塘沽“始有人焉”。根据史书记载，塘沽是因为黄河改道，带来大量淤泥，使得“海退而陆成”。

“沧海桑田”展厅里用模型和投影沙盘形象而生动地展示了先民们的生活。从北塘宁车沽采掘到的牡蛎化石也在这里陈列，这些在蓟运河沉睡了至少千年甚至更长时间的化石，不仅从地质学上考证出塘沽地理地貌的变迁及与黄河数次改道的渊源，同时更能体现塘沽海洋文化的形成契机和演变过程。

“盐”在塘沽的历史上有着非常重要的意义。由于塘沽地低滩平，日照丰富，非常有利于发展盐业。早在元代，塘沽便建立起了建丰盐场。700 余年来，塘沽的盐田连绵扩展，盐业成为支撑经济发展的重要产业。历史上，塘沽不仅以盐著称，畅通的漕运也使这一地区成为繁华的交通枢纽。“盐兴漕畅”用数字投影和在解放路街出土的清代古钱币坨子等文物，再现了当年塘沽地区商业发达、车来船往、盐田连绵的景观。

“海门古塞”，一座大铁钟被陈列在了最醒目的位置上。它就是大沽铁钟，1844年，为了纪念战死在大沽口炮台的直隶提督乐善而铸，曾被悬挂在乐威毅公祠里。但是，1900年，大沽口炮台沦陷后，铁钟被英军掠走，直到2005年，在多方努力之下，漂泊海外105年的大沽铁钟，终于回到了塘沽。据博物馆的工作人员介绍，将铁钟放在如此显著的位置，是为了让人们记住它坎坷的历史，同时，也希望大家看到从战争到和平，中英两国人民之间所建立起的崭新的友谊。

塘沽博物馆——大沽造船厂

“工业兴邦”展厅里的火车头、“大沽造”步枪、各种铁炮，集中展示了清末民初一批有志之士和实业家相继在塘沽兴办工厂、发展民族经济的景象。久大精盐厂、永利碱厂、大沽船坞等都是在这一时期兴建的，这一主题体现了塘沽在近代工业史上的重要地位。

“沽口曙光”及“明珠璀璨”表现了新中国成立初期，塘沽人民抓紧建设家乡的“沽口曙光”，以及新中国成立后尤其是近年来塘沽区飞速发展和巨大变化的“明珠璀璨”，都用丰富的实物和文献展示了塘沽的飞速发展。

攻略

交通：市区乘轻轨在洋货市场乘109路公交车到第五中心医院站下车即可。

中国金融博物馆

中国金融博物馆位于天津市和平区解放北路 29 号(即 1932 年建成的原“法国俱乐部”旧址),距天津火车站咫尺之遥,扼守百年名桥解放桥。位于金融机构集聚的历史名街,地处正在建设中的天津金融城中心位置。

金融博物馆的展馆面积约 2 400 平方米,馆内收藏了中国各个时期大量的货币、金融票据以及其他金融实物。博物馆的展览陈列内容分为五个部分八个专题:第一部分为金融历史和现状,具体内容包括货币的起源与发展、金融机构与金融工具、金融市场、企业重组与并购以及国际金融机构等;第二部分为金融与我们,具体内容包括金融与创业家、金融与产业、金融与战争、金融与政治、金融与科学、金融与艺术等;第三部分为中国货币历史,具体内容包括中国货币的民间演义、天津金融开埠史、金融名人堂、金融里程碑等;第四部分为金融危机与金融海啸特展,本部分展览了包括次贷危机、消费信贷、大萧条、1987 年股灾、经济周期、亚洲金融危机、恶性通货膨胀以及金融诈骗与丑闻等内容,特展内容将不定期更新;第五部分为专题展览,内容包括黄金专题展、货币专题展、解放北路金融史专题展以及滨海新区金融核心区规划展等专题内容。

攻略

交通:乘 13、953 路公交车到解放北路赤峰道站下车即可。

黄崖关长城

推荐理由

黄崖关长城东与河北省遵化马兰关，西与北京平谷将军关相连，全长82公里。这段长城品类齐全，文化底蕴深。敌楼高大，特别是八卦阵在军事结构中不可多得。寡妇楼在长城中也是独一无二的。再加上当代的毛主席诗词、百家百将碑林，以及创建的长城博物馆，这里对弘扬传承祖国文化意义十分重大。天津黄崖关长城为国家AAAA级景区。

1985年响应邓小平“爱我中华，修我长城”的号召，共修复了3 025米、楼台20座。其中有八卦关城、黄崖正关、戚继光石雕像、历史博物馆、百将百家碑林、毛主席诗词碑林、竹刻名联堂、水关等。这里分东西两部分，西部从正关砖砌，至上部王帽顶为砖砌，建于天宝7年，已有1 400年历史，东部为太平寨、寡妇楼和戚继光石雕像。1990年被天津市评定为“津门十景”之一。

黄崖关长城景区首先映入眼帘的是“蓟北雄关”四个大字。此地为蓟镇北大门，咽喉要道，为历代兵家必争之地。背面书写“金汤巩固”，这是指由八卦关城、主体城墙、完整的防御工程体系，坚不可摧。

黄崖关的南门，城台上刻有“黄崖口关”大字匾额。据说为著名的民族英雄戚继光手书。

黄崖关长城内容较多，抓住重点。可从黄崖口关进去，先游八卦阵，然后看长城博物馆。出来到百家百将碑林，然后看毛主席诗词碑林，迎面那首《沁园春·雪》最为气势磅礴。从碑林出去登上黄崖正关，右侧登长城，左侧过一个敌楼后参观水关。这里山货很多，如核桃、蘑菇、柿子等。

攻略

交通：可在天津河北区建昌道站乘开往承德的长途汽车直接到黄崖关长城下，或者是坐汽车或火车到蓟县再改乘汽车到黄崖关。

推荐理由

九山顶与八仙山海拔分别可达1 078.5和1 052米，均为国家级自然保护区，又是清东陵(后龙)风水宝地。这里还是18亿年前中上元古界沉积岩地貌。自然景观很美，动植物种丰富多彩，是观赏、休闲、旅游的好去处。

九山顶与八仙山景区

九山顶自然风景区坐落在蓟县下营镇常州村境内，是国家自然保护区、中上元古界最有代表性的山体，又是天津市地势最高的风景区。

公元1658年顺治皇帝到遵化昌瑞山地区选陵，从金星山向西北眺望。第九个山峰最高最美，便亲临此山巡视，发现这里山环水绕，风水极佳，特赐此山为“九山顶”，并御封九山顶为清东陵的“太祖山”，定为清东陵的“后龙”，列为风水宝地，禁止外人出入，封闭长达250年之久。

九山顶主峰

主峰海拔1 078.5米，登上山顶南眺翠屏湖，北望燕山主峰雾灵山，东望金星山，西看北京平谷区金海湖等，6 700平方公里大好河山尽收眼底。主峰西行，其他景观还有翡翠岭、小西天、神秘谷、步云桥、云象河、图画岭等。

九山顶奇特的地形地貌，属于18亿年前中上元古界海底沉积岩地貌，这里山高林密，山顶有1 200多种植物和70余种动物资源。猕猴桃、野酸枣等20多种可食用性野果随处可见。杜鹃、八仙花奇花异草遍布，金雕、山鹰、黄雀当空飞舞，狐狸、山鸡、野兔出没山林，可谓鸟语花香，别有情趣。

八仙山景区

位于蓟县东北部山区，有一片灌木丛生、芳草萋萋的深山密林，这里山峰最多，生态环境最优越，动植物资源最丰富，称为天然的“地质博物馆”“植物园”“森林大氧舱”。国务院于1995年命名这里为国家自然保护区。八仙山总面积为53.6平方公里，森林覆盖率达90%以上。相传八仙过海经过此地时被这里的云遮雾罩的奇峰秀水、林海幽谷所吸引，便降下祥云，在山中一块2米见方的巨石旁野餐小憩。这块巨石被人们称为“八仙桌子”，此山亦起名为“八仙山”。在八仙山自然保护区内，生长着天然林，高低错落，藤木攀缘，仍然保持着原始森林植被的特色。这里有高等植物300多种，还栖息着400多种动物。到这里旅游观光，可探密林深谷，赏鸟语花香，如登临海拔1 052米的聚仙峰则更添飘然欲仙的感受。

攻略

交通：可乘火车或汽车到蓟县，再转乘到九山顶或八仙山的汽车。

东丽湖温泉度假区

推荐理由

这里为国家 AAA 级景区，其水域宽阔，水上游乐项目俱全，2009 年世界级的飞艇比赛曾在这里举办。它与东丽湖度假村为姊妹项目，为旅游休闲度假的好去处，为团体会议、家庭出游的最佳选择。

东丽湖温泉度假区

位于天津市东丽区，距市中心 18 公里，市级公路均可通往东丽湖。

东丽湖温泉度假区占地面积 22.01 平方千米，其陆地面积 14.01 平方千米，水面面积 8 平方千米。湖岸边周长 12 千米，湖水容量 2 200 万立方米，是杭州西湖的 1.5 倍。湖中盛产银鱼、梭鱼等多种水产品。每年还有 10 万多只禽类在此繁衍生息。这里地热资源丰富，是中国北方地热带源头，有许多地热井出口，水温高达 97 度。

东丽湖温泉旅游度假区服务项目完善，游乐项目有水上飞艇、水上飞人、水上索桥、水上木屋、快艇、摩托艇、旅游船等水上游乐项目可供客人选用。冬季有冰帆、冰车、雪橇冰上项目。目前已初步形成旅游度假、温泉娱乐、美食购物、会议培训、疗养健身和商务交流等多种功能为一体的度假地。

攻略

交通：可从博爱道（解放桥）站乘 663 路公交车直达。

东疆港人工沙滩景区

推荐理由

这里是天津市唯一的人工沙滩景区，主要设有水上休闲娱乐区、沙滩游泳休闲区。附属设施还有淡水淋浴、购物、餐饮、急救等服务项目。这里的沙子是从福建购进的沙滩专用沙，手感细腻，含泥量小，在阳光照射下泛金色光芒。

东疆港人工沙滩位于天津滨海新区东疆港海岸。东疆港人工沙滩于 2009 年 6 月 1 日正式向游人开放，是天津市民休闲纳凉的好去处。沙滩开放时由于是免费运营，游客大量涌入，日高峰达到 2 万人次，使景区接待承受能力严重饱和。

景区主要分为水上休闲娱乐区、沙滩游泳休闲区等。沙滩亲水区以一些沙滩项目为主，如沙滩排球、沙滩足球、沙滩拔河等，使游客疲惫的身心得到舒缓。水上休闲娱乐区以适合大众的安全、舒适的水上项目为主，如快艇、摩托艇、橡皮艇、水上飞行器、帆板、滑水等。沙滩游泳休闲区以游泳项目为主，游泳区长度为 800 米，宽度近 60 米，最大水深 1.5 米。

攻略

乘 513 路公交车可直达人工沙滩入口处。

中新生态城

推荐理由

中新生态城是世界上第一个国家级合作开发的项目。2007 年胡锦涛与新加坡资政李光耀提出合建生态城的意向。2007 年 11 月温家宝和新加坡总理吴国栋签署生态城在天津市滨海新区建设的协议。生态城建设充分体现节约能源、绿色环保原则，同时又充分体现了人与人和谐共存、人与环境和谐共存、人与经济活动和谐共存的原则。生态城将在 10 至 15 年內建成。现已有国家级动漫城和生态城区以及多片居民住宅区，更有多个国家的数百家企业在此落户。中新生态城将为国家乃至世界其他城市的可持续发展提供很好的样板。

2007 年后，中国及新加坡分别组建了投资集团，成立了合资公司，共同参与生态城建设，新加坡设立了办事处。2008 年天津成立了生态城管理委员会。中新生态城位于天津滨海新区，东临中央大道，西至蓟运河，南接蓟运河，北至津汉快速路。距天津市区 45 公里，距北京 150 公里。占地 3 100 万平方米，规划居住人口 35 万。生态城建设借鉴了国际先进生态城市建设理念和成功经验，通过 10 至 15 年建设使之成为经济繁荣、社会和谐、环境优美的宜居生态型新城区。

生态城的组成部分：一、国家动漫园。我国首个国家级动漫产业园区。建筑面积 77 万平方米，是生态城启动的第一个项目，预示着生态城以新兴的无污染可持续发展的产业为主，具有示范带头作用。园内还分别建有动漫博物馆、产品展示中心和大型动漫互动体验中心等基础设施。目前已有800家企业在此注册。动漫园于2013年5月31日正式开放。市民可以示范绿色动漫，还可以现场观看涂鸦表演秀等丰富多彩的动漫活动。

二、国家影视园。国家影视园占地100万平方米，建筑面积30万平方米。建成后年产值10亿元，创500个就业岗位。正在建设中的天津华强3D影视基地，2013年国庆节前后开放，将与动漫园形成产业互补之势。

三、环保产业园。环保产业园占地200万平方米，用170亿打造环保节能特色的园区。深圳华强集团已落户生态城，此外还有10家新加坡企业落户。2014年已有800多个企业落户到环保产业园。这里将成为全国及渤海湾地区清洁技术产品的生产基地。

四、生态科技园。生态科技园为我国首个建设中的国家级信息产业园。生态科技园是以节能环保、绿色建设为主的研发认证中心和企业聚集地，总投资预计达20亿元，5至6年的时间建成。2011年6月首座19层研发大厦顺利封顶，成为园区第一个主体建筑，现已有中国和加拿大共11家企业进驻。

五、信息产业园。信息产业园是2013年1月继国家动漫园后，生态城第二个产业载体。这里主要以软件开发、系统集成、软件外包、芯片设计等产业为主。占地70万平方米，建筑面积77万平方米。总投资4亿元。

六、生态城居住区。已经有首创康桥郡、宜禾红橡公园、吉宝沁风御庭等三大片区及首创红树湾等生态居住区。

攻略

交通：从市区东站乘462路公交车在中新生态城下车即到。在塘沽区坐车途经中新生态城的有133、459、464、506、519路公交车以及旅游专线1路。

团泊新城

推荐理由

天津团泊新城是经国务院批准，重点发展体育康健、文化休闲、旅游观光、现代农业、宜居宜业、创意型的生态新城。充分发挥团泊湖、水塘湿地的优势，使这里的鱼类鸟类、水生植物更加自然完美，从而带动科技医药、体育文化等相关产业的发展，为津南建设美丽天津做出贡献。

团泊新城共210平方公里，规划人口80万。西区的总体规划采取一轴、多带、双心、三片区的规划结构。一轴即贯穿南北的团泊大道为城市主轴；多带即东西通衢的体育大道、北华路等特色景观大道，以15条水系贯通全区；双心即以湿地保护区为依托的生态体育主题区以及水上娱乐为主题的团泊水城；三片区即为体育主题启动区、团泊水城以及文化创意生态区。旨在打造一座以现代化服务业和教育产业为主题、产业协调、充满活力、生态休闲的魅力之城。

团泊新城西区主要包括一个下沉式足球场馆及一个多功能体育馆及一个生态体育公园。

团泊新城东区则包括现代农业示范园、地热四星级温泉宾馆、天津大学仁爱学院、天津中医药大学、国际医学城、天津体育学院等单位。

团泊湖生态资源在先前基础上又有了很大发展。例如仅鱼类就有20多种，水生植物17种，浮游动物31种，另外还有日本泥虾等。鸟类则以沼泽类、水栖类为主。

攻略

交通：在海光寺站乘公交车710路可达团泊新城。

七里海国家湿地公园

推荐理由

七里海国家湿地公园是1992年经国务院批准建立的古海岸与湿地国家自然保护区，是天津市最大的天然湿地，为津京塘三角地带极其难得的一片绿州。位于天津市蓟县罗庄子镇洪水庄北3.5公里处气鼓山下，属于燕山山脉，中上元古界地层。七里海国家湿地公园为全国AAAA级景区。

七里海国家湿地公园景区内有长达8公里的湿地走廊及6 000亩原始湿地，共设有4大景区20个景点。

七里海生态修复项目预估投资5亿元，将成为本市最大的集生态保护和科普教育为一体的湿地文化展示基地。

七里海国家湿地公园具有以下特色。

一、这里的水大都来自潮白河、蓟运河与蓟县于桥水库相连，还与永定新河、北京排污河相通。区域内河道纵横沟汊交织，沼泽遍地、青草广布、芦苇丛生。百鸟云集、鱼美蟹肥，凸显独特的原始静谧秀丽朦胧之美。

二、七里海丰富的自然资源充分展示特殊的生态功能。这里空气清新，氢氧离子含量比大城市中心高出10到100

倍，被誉为京津地区的“天然氧吧”和“绿色肺叶”。成为京津地区温湿度的调节器。对于净化津京地区空气质量、调节区域小气候、防洪滞洪起到了积极作用。

三、这里的植物有41科153种，占天津滨海地区湿地植物的93%。可食用的如地肤、盐地碱蓬、马齿苋、绿苋、小蓟、菊菜、皱果苋、苦苣菜、稗子等。有的入药如曼陀罗、蛇床、车前、酸浆、中华补血草、益母草等。多用于清热解毒、治咳去痰、平气、降压等，颇有疗效。更为令人称奇的是野大豆被列为《中国稀有濒危植物》红皮书。野绿豆则是培育优良品种的重要基因植物。

四、七里海的鸟共有16目39科182种，占天津地区的94%。其中国家一级重点保护鸟12种，它们是白鹤、黑鹤、中华秋沙鸭、金雕、白肩雕、玉带海雕、东方白鹤等。国家二级保护动物有丹顶鹤等。

五、鱼蟹类、鱼类约30余种。以鲤、鲫、草、鲢、鳅为多数。因水质好辽阔水草丰盛，天然饵料丰富，故长得快味道好。七里海的蟹，壳黑肤白、肉嫩味鲜。雌蟹膏黄，雄蟹油满，堪称水产品中珍品。2006年获中华人民共和国地理标志保护产品认证，是难得绿色食品，又系馈赠亲友的佳品。

六、自然遗迹包括古牡蛎滩、古泻湖、古河道、鲳鲸骨等。

攻略

交通：天津市区在大胡同乘长途汽车在潘庄镇西塘陀村下车可进入七里海中心腹地；狮子林桥、金钟河大街也有去宁河县的车途经七里海。

推荐理由

生态水乡人文黄庄，襟带潮白渔歌稻浪。这里文化底蕴深厚，地产物种丰富，旅游品种齐全，服务上乘。先后获得中国文明村，天津市旅游特色村，中国生态文明村，中国最有魅力休闲村庄一百强，津沽最美乡村等荣誉称号。

黄庄文化，生态旅游

黄庄位于天津市宝坻区东南部，全镇总面积 112 平方公里，人口 11 200。辖区共 19 个自然村，是天津市人口最少的地区。黄庄镇域内地势平坦、河流纵横、蓝天碧水、稻海渔歌，一派江南水乡美景。

2003 年，宝坻区委区政府将黄庄定位于绿色生态单位。2010 年以黄庄镇小辛码头作为试点发展以漕运文化、稻湿文化、了凡文化、农耕文化为特色的休闲农业旅游，截止 2012 年共接待游客十万人次。

水稻文化园内汇集了三千多种具有较强地域性、观赏性的稻种。分别来自日本、泰国，及中国

台湾、海南、黑龙江等地区。有日本越光、泰国香米等世界闻名的品种。也有津川一号本地重点推广品种。它们株高、茎、叶和稻米各不相同。颜色有深绿、浅绿、浅黄、紫色、黑色等多种，可谓千姿百态，竞相争艳。稻田还进行了稻蟹、稻虾、稻鳅、稻鸭等多种立体种养示范。园内还修建了劝农亭、稻香榭、袁黄像等人文景观。

水生植物园由北京鸿运生物发展有限公司投资兴建。占地100亩，已有植物70多种、水生花卉30多种。

特色旅游节庆有水稻社员招募节等。四五月查看地块，认领协议，分地插牌，体试插秧等活动。金秋钓蟹节在每年10月进行。丰收文化节在每年10月中下旬进行。游客可欣赏一望无际的丰收美景，还可亲自挥镰收割。黄庄新玉米节在11月中下旬进行。主要进行品赏及销售当年新米，也可体验从稻到成米的全过程。

黄庄专设旅游接待中心服务站，安排接待会议，参观古镇历史文化展览，观看文艺节目演出，购买农副产品，安排农家院住宿就餐等事宜。

攻略

交通：由天津市区经津蓟高速行至九园出口，右转直行5公里至千米桥，过桥左转沿河堤直行即到。

西青水高庄生态观光园

推荐理由

西青水高庄生态观光园以生态农业景观为主体，集农业示范、科普教育、休闲娱乐为一体。既是农业示范窗口，又是田园观光的好去处。这里四季常新、常绿、常花、常果是津门近郊旅游观光的首选。水高庄生态观光园为市级示范景点。

水高庄坐落在西青区辛口镇，为西青区都市型现代化农业的水高庄核心生态旅游观光区。与杨柳青古镇相距5公里，距天津中心城区20公里，与玉佛寺相邻。园区以农业为主体，以生态农业景观、农业风情景观为内涵，集休闲观光旅游、现代农业示范、科普教育娱乐等于一体，既是天津都市农业的示范窗口，也是游览田园风光、体验现代农业、放松疲惫身心的理想休闲场所。庄园总规划面积1500亩，分两期完成，总投资5亿元。规划布局为“一轴、一环、五片区”，即产业布局轴、绿色林荫和农业风情园区、子牙河风情园区、欢乐谷采摘园区、温室区和温泉区。目前一期工程温室区和农业风情园区（鱼乐园、五谷园、葡萄园、百花园、荷香园、娱乐园）已建成并对外开放。其中温室区有一座建筑面积达20 160平方米的智能温室，温室引进了100种新奇植物、240多种名特优新品种，采用国内外先进的栽培管理模式，展示了全新的现代农业科技成果，温室内一年四季常新、常绿、常花、常果，是津门农业观光旅游的首选之地。

攻略

交通：在天津站乘A路公交车，或在海光寺乘707路公交车到西青区辛口镇倒小公交即到。

天津一商友谊

推荐理由

天津一商友谊股份有限公司是天津一商集团精心培育的潮流时尚百货连锁企业，多年来，积极致力于潮流百货的经营建设与发展，现已拥有友谊商厦、友谊名都、友谊精品广场、友谊新天地广场、友谊新都百货、友谊大港百货、友谊武清百货、友谊商厦西楼，以及即将开业的友谊汉友百货等 9 家店面，总经营面积已超过 30 万平方米。目前天津一商友谊百货的品牌总量近 2 000 个，其中天津地区独有品牌 313 个，世界一线品牌 141 个。天津素有“买品牌到友谊，超值服务在友谊”之说。

友谊商厦西楼

近年来，一商友谊一直保持快速健康的发展态势，创新潮流名品经营理念，汇集了市场影响力品牌、国内一线精品和时尚标杆品牌、前卫潮流品牌、多元生活业态等高品质的品牌阵容，带给消费者舒适、温馨、惬意的时尚购物新体验。在快速发展中，一商友谊始终坚持智慧创新，以实实在在让惠于民的营销活动，赢得消费者的信赖，以精彩叠加的营销创意不断攀越新目标，在 2012 年度全国大型零售企业销售总额中排名第27位，其中作为核心店的友谊商厦单店销售总额排名全国第22位，位居天津市场第一。作为天津高质量消费群体最集中的购物场所，成功打造了津门商业头等舱服务模式。把顾客的感受转化为顾客的享受，先后推出了人性化服务、亲情服务、惬意服务、文化服务、尊享服务、境界化服务等服务理念。一商友谊现拥有VIP顾客群体超过50万人。在企业品牌质量发展上，一商友谊先后荣获中国商业名牌企业、全国商业服务业先进企业、被国家商务部评选为“金鼎级”精品百货店。

友谊汉友百货

作为领军的商业品牌，一商友谊是城市现代高品质生活的标志和象征，立足坚持做行业领先，将发展的视角不断扩大放宽，品牌经营不断超越，营销创意形式多样，企业管理严格精准，特色服务人本为先，人才培养广开渠道，积极致力于打造“百年友谊”的悠久发展。

友谊名都百货

友谊武清百货

友谊大港百货

友谊新都市百货

友谊新天地广场

友谊精品广场

攻略

天津友谊商厦：天津市河西区友谊路21号。

交通路线：13、800、826、838、906、47、48路公交车至迎宾馆站。

天津友谊商厦西楼：天津市河西区友谊路16号。

交通路线：13、47、48、906、826、838、800路公交车至迎宾馆站。

天津友谊新天地广场：天津市和平区滨江道208号。

交通路线：1、3、35、45、50、503、600、606、631、632、641、643、650、657、659、673、678、800、842、847、851、865、867、870、901、906、954、观光2路公交车至滨江道站，乘地铁一、三号线至营口道站。

天津友谊精品广场：天津市和平区曲阜道38号。

交通路线：642、826、858、860、868、观光1路公交车至曲阜道站；600、643、673、840、842、847、866、963、871、校线1路、机场专线4路公交车至小白楼站；地铁1号线至小白楼站。

天津新都百货：天津市河北区狮子林大街86号。

交通路线：15、600、633、653、675、681、804、856、907、908路公交车至望海楼站；849、863、903、954路公交车至新都百货站。

天津友谊名都百货：天津滨海新区第一大街86号市民广场。

交通路线：乘地铁9号线至市民广场站或公交820路公交车至贻欣园站。

天津友谊大港百货：天津市滨海新区大港胜利街651号。

交通路线：652、659、688、186路公交车至友谊大港百货站。

天津友谊武清百货：天津市武清区京津公路与振华道交口。

交通路线：611路公交车直达。

天津友谊汉友百货：天津市滨海新茶淀街四纬路166号。

交通路线：400路公交车至宜春里站；402路公交车至三明里站。

金街

推荐理由

这里是天津商贸中心，已有100多年历史。天津主要商场、影剧院、饭店、舞厅高达数十家之多。白天车水马龙，入夜灯火辉煌，素有“小巴黎”之称。改革开放后，除原大型商场外，从滨江道至南京路吉利大厦、乐宾百货、津汇广场、世界商场等建筑拔地而起，街两旁商家店铺比比皆是，一派大都市景象。其中劝业大楼为全国重点保护单位。

滨江道已有100多年的历史，新中国成立前，滨江道是一条繁华的街道，他的中段腹地在劝业场。1900年时这里还是一些砖平房和零星小商店，辛亥革命后，原在北门外和东门外一带的商业向租界转移，劝业场一带也随之大兴土木。

劝业场一带的极盛时代是在1936年至1939年，除商场商店外，仅影剧院、饭店、舞厅等就高达六十家之多，居全市之冠。街道日趋繁华，商业建筑鳞次栉比，服装、绸缎、金银首饰、木器家具、钟表眼镜、医药、书籍等各种商品店俱全，形形色色的旅馆饭店均云集此处。白天滨江道车水马龙、游人熙攘，入夜则灯火辉煌、五颜六色。

新中国成立后，这里进行了彻底的整顿，重新调整了商业网点，使滨江道面貌一新，成为劳动人民商业旅游、文化娱乐、交通往来的繁华街道。

改革开放之后，这里进行了彻底改造，几十家商场集中在这里，劝业场成为商业巨贾，各类商品齐全，成为综合性的国家级保护单位。滨江道与和平路也被命名为步行“金街”。

天津劝业场(国家级)

劝业场位于天津市中心区，建于 1928 年，由井陉煤矿买办高星桥招募股资，法国永和工程师穆乐设计。“天津劝业场”五个大字，匾额由津门清末翰林著名书法家华世奎书写，现已被国家命为“中华历代名匾”。始建股东庆亲王载振命名“劝业场”。

1928 年 12 月 12 日劝业场开业，建筑面积 2.1 万平方米，是当时中国北方最大的商场。此建筑体现了西方折中主义建筑风格，成为天津市标志性建筑。劝业场规模之大，是集购物、餐饮、娱乐、休闲于一体的多功能商场，具有独特的经营风格。数十年来在这个寸土寸金的宝地上，劝业场一直坚持顾客至上的经营理念。销售的品种大至金银珠宝，小到针头线脑一应俱全。

攻略

交通：乘 3、45、50、观光 2、643、650、606、631、901、35、657、673、840 路公交车到南京路滨江道路口下车即达。

估衣街

推荐理由

估衣街为天津AAA级旅游景区，约有600年历史，清康熙年间出现很多店铺，到1930年，老字号“谦祥益”“瑞蚨祥”“盛锡福”“同升和”及一些中小字号，店铺达到一二百家。津菜“八大成”，“狗不理”包子，“耳朵眼”炸糕均出自这里。

天津历史悠久，北门外的估衣街则与天津城同龄。估衣街可追溯到元代，那时这里是通往北大关的摆渡，叫码头渡。估衣街就被称作码头东街。初期仅是散落着一些与码头相关的房舍及一条主干路，并兼有购物的作用。

到了康熙年间，街上出现了很多摊点和店铺，多处卖些破旧衣服和估衣。公元1900年前后，买卖旧衣服的名声越来越广，很多估衣行业，都聚集在这一带，像“义成泰”、“文盛号”估衣铺等。由此估衣街就名副其实了。

它的鼎盛期是在1900—1930年间，估衣街成为天津古老而又闻名的纺织品市场。最著名的要数“瑞蚨祥”、“谦祥益”和“敦庆隆”等绸缎庄了。商号的建筑有了磨砖对缝传统的技术和西式楼房相兼的结构。门类也扩张到药业中的“达仁堂”“乐仁堂”。鞋帽业有“盛锡福”“同升和”以及瓷器、糖果、纸张、皮革、眼镜、戏院、澡堂、理发等。这条街几乎浓缩了整个天津的商业。

从此，便有人说“先有了一条街，后有了天津城”。

估衣街的商业发展，也带动了这一带的经济、政治、社会、文化的发展。因此出现了“天津卫，有富家，估衣街上有大家”“繁华要算估衣街，宫南宫北市亦佳”“东南门边都是水，晴天也合着钉子鞋”。

估衣街实际上集南运河南岸一块古老繁华地的中心，侯家后、北大关、针市街、竹竿巷、鸟市、大胡同都活跃起来了。随着清末民初经济的开放，苏、杭、福、广、山西、山东等地的一些富商大贾都到天津投资经商。所以，天津有了“八大家”之说。清道光年之后，又出现了“新八大家”、绸缎的“八大家”、银钱业的“八大家”的说法。山东章丘孟家在估衣街 76 号经营的“瑞蚨祥”势力较大，职员就有 200 多人。

津菜的发祥地也在估衣街上，那时的侯家后、估衣街一带，大小饭店兴盛。紧靠海河的渔夫，每天一大早就抢先上市，各种鲜活的鱼、虾、蟹、贝类品种繁多。饭店现做现卖备受顾客的青睐。聚庆成饭庄坐落在估衣街宝宴楼胡同，之后相继出现了福聚成、聚升成、聚源成、聚和成等天津风味的“八大成”。津菜的主要特色，以海鲜为主。煎、炒、烹、炸，溜、烧、炖、爆，季节不同，口味不同，各有特色。乾隆皇帝曾在聚庆成点了一道“红烧目鱼”，这道菜深受皇上的赏识。当即御封厨师五品顶戴花翎、赐黄马褂一件。此菜后来就改叫“官烧目鱼”一直流传至今。

2009 年估衣街进行了提升改造装饰，除原有的“瑞蚨祥”“谦祥益”“瑞增祥”“瑞生祥”等老店的基础上，又新引入“耳朵眼”“正兴德”“同升和”“泥人张”等老字号，民间工艺品商店，曲艺茶馆，天津传统的风味小吃等。

攻略

交通：乘 808、605、688、846、900 路公交车到北马路大胡同站下车即可。

小白楼

推荐理由

旧时这里曾是美国租界地，1902 年美英私相授受并入英租界。过去这里是洋人，兵痞寻欢作乐的地方，为洋人服务的商店、酒吧、舞厅一应俱全。每到夜晚，灯红酒绿，纸醉金迷。解放后这一地区焕然一新，改革开放后，小白楼地区高楼大厦、超级商场、店铺门市数不胜数，多家 5 星级酒店分布在这里。

1860 年天津开埠后，帝国主义国家争先来天津强辟租界。小白楼一带为美国租界，以海河与海大道（今大沽路）为界，南至现在的开封道，北迄现在的彰德道。总面积约 131 亩的弹丸之地，近百年来不断发展，逐渐繁荣，形成今天为人们所熟悉的小白楼地区。小白楼地名的由来，是因为原来在这里有一个外墙涂白色的酒吧，当地居民以这一独特白色小楼为标志，称这一地区为小白楼。

1902 年美、英私相授受，将美租界并入英租界。1901 年英商先农房产公司成立，开始在小白楼一带建房，首先建盖了整个先农里，后又购置了徐州道南面 10 所同样的小楼房；20 世纪 20 年代初买下了太古洋行兴建的小营市场，并将先农里东今开封道南面的一片平房翻盖为钢筋水泥的铺面和三四层楼房。

20 世纪 20 年代中期在今开封道西口建起五座比较豪华的公寓楼，只供外国人居住。先农公司在小白楼一带不断建房，并把面向马路的房屋翻盖成新款式的商店门面，在客观上为这一地区的繁荣提供了条件。随着英、法租界的发展，加之小白楼地区东傍海河，有太古、怡和等洋行和招商局的航运码头，又比邻金融、贸易中心的英租界中街（今解放北路），因而这一地区久而久之自然形成了以外国人及官僚、买办、下野政客军阀为服务对象的销金窟。这里饭店、酒吧、舞厅林立，更有理发、美容、西

服裁剪等行业，还有专门经营进口化妆品、服装、鞋帽及洋酒罐头、西点、糖果的商店，均以其高档、时髦而著称。小白楼正是在这样一种背景下，逐步发展繁荣起来的。

自天津开辟九国租界后，在小白楼一带很快就出现了为大兵服务的酒吧、舞厅等设施。于是以美军官兵为首，英、法、意、德等国的士兵们也长期把小白楼一带作为他们游逛寻欢之地。每到夜晚，小白楼一带灯红酒绿、纸醉金迷，这种景象与其说繁荣，毋宁说是当地社会一大公害。这也正是当时中国半殖民地社会畸形发展的写照。

20 年代末至 30 年代中期，是小白楼地区繁荣鼎盛时期。1945 年日本投降后，大批美国海军陆战队又涌入天津，使小白楼地区的繁荣又达到了顶点。

40 年代末，小白楼地区有“俄国城”之称，俄国侨民在这里开设了俄国饭店、俄国商店、俄国风味食品店、小餐馆、酒吧间及服装店、美容店等。白皮肤的俄国男女老幼到处可见，每日来来往往，因此外国侨民称此处为“俄国城”。

攻略

交通：可乘地铁 1 号线至小白楼站，3、4、20、43、600、632、642、659、673、685、846、860、866、871、962、观光 1 路公交车到小白楼站下车即可。

中国大戏院

推荐理由

中国大戏院位于天津市和平区哈尔滨道104号，是一个有70年历史、享誉海内外的大型文艺演出娱乐场所。历史上京剧名家，评、豫、粤、川、晋、汉、吕等名流均曾在此演出。日、法、美、俄、墨西哥、巴西、埃及等国家艺术团体也曾在此献艺。中国大戏院为天津市重点文物保护单位。

1934年，我国著名京剧表演大师周信芳先生来天津演出，“天津八大家”之一、商界名流孟少臣先生召集本市金融、工商、娱乐业的巨贾，设宴欢迎周先生。席间，周先生提起，天津乃商贾云集、九河交首之重镇，名家荟萃，文风古远，但没有一座像样的大型剧场，实为憾事。事后，众多商家名流共筹资50余万银元，马连良、周信芳、姜妙香等京剧名家均参股投资。国民政府外交部部长顾维钧先生，自愿出让自己法租界（现哈尔滨道）天增里旁土地2 700平方米，兴建了建筑面积七千七百七十多平方米的剧场，并定名为中国大戏院。该建筑局部五层，采用大跨度钢架穹顶结构，场内没有任何立柱，设三层观众席，座席2 380个，弧形舞台、大型化妆室，乐池和当时十分先进的舞台电动升降式布景吊杠，场内设有贵宾包厢、休息室、贵宾接待室、售票处等，由法国工程公司的瑞士工程师洛普和英国工程师扬联合设计，1936年8月竣工。1936年9月19日举行隆重的开幕典礼。当时的抗日名将，天津市市长张自忠将军及各界名流为戏院剪彩，由京剧大师马连良先生主持剪彩仪式，并代表中国大戏院向社会各界致答谢词。

事后，姜妙香、李洪福、刘连荣、茹富蕙等名家与马先生通力合作，首场揭幕。演出了《群英会》《借东风》，当时的演出异常精彩。马连良先生亲自加演《跳加官》。

马连良先生一生也仅此一次演出过《跳加官》。据说，当时出现了相声里描绘“要求买站票”的场面，将开幕式气氛推向高潮。

当时中国京剧的“四大名旦”“四小名旦”“四大须生”等各派名家不断光顾，使中国大戏院成为戏曲名流必到之地，又有“评剧皇后”白玉霜、名家刘翠霞、新凤霞、河北梆子名家金宝环、银达子、“豫剧皇后”马金凤以及越剧、川剧、晋剧、汉剧、吕剧等众多名家、名流到此献艺，当时流传着这样一句趣话“唱红中国，中国唱红”，中国大戏院也由此享誉海内外。

中国大戏院经历了六十多年的沧桑后，2000 年，天津市政府在社会各界的大力支持下，投巨资对戏院进行了大规模改造，功能大大提高。近年来，中央文化部直属和全国三十多个省、市、自治区的百余个京剧、地方戏、歌舞、交响乐、话剧、曲艺、杂技等艺术表演团体先后在中国大戏院进行过演出，具有世界知名度的日本、法国、美国、俄罗斯、墨西哥、巴西、埃及等国外戏剧、艺术表演团体也都竞相来此献艺。自 20 世纪 50 年代以来，“第一届全国戏曲艺术观摩汇报演出华北地区会演”、首届“中国京剧艺术节”、“中国民族戏曲优秀剧目大会演”、“和平杯”国际京剧票友大赛、“纪念梅兰芳先生诞辰”、“马谭杨奚四大流派纪念演出”、全国京剧青年团队新剧目会演、全国“新苗奖”少儿京剧邀请赛、中央电视台“空中戏院天津行”等大型戏曲艺术专题文化活动均在此举行。

攻略

交通：乘 1、20、92、93、158、826、827、观光 1、4、17、28、37、642、650、651、660、688、808、837、845、858、868、907、951 路公交车到中国大戏院站下车。

附近景点：金街劝业场，狗不理集团大楼，中共中央北方局，津湾广场，中心公园。

中国大剧院

推荐理由

中国大剧院为天津文化中心核心建筑，建筑面积 16.5 万平方米，建筑本体 10.5 万平方米，地下设施 6 万平方米， 3 个建筑单体位于 6 米台基之上，有一个大屋顶连接。由歌剧厅、音乐厅和剧场组成。剧院 3 200 个座位和 3 个贵宾室，还有供 700 人就餐的餐厅，为天津市设施装饰顶级、不可多得的娱乐场所。

天津大剧院位于隆昌路与平江道之间，天津市文化中心核心建筑。大剧院建筑面积 10.18 万平方米，长 200 米，宽 206 米，建筑物高度为 45 米，建筑本体 7 万平方米，地下设施 3 万平方米， 3 个单体建筑共同建在一个 6 米的台阶之上，有一个特大的屋顶连接成一个整体。建筑设计单位为德国 GMP 设计公司，舞台工艺设计由德国昆克公司完成。工程造价 15.33 亿人民币，大剧院为综合性多功能艺术创作与演出机构，有歌舞厅、音乐厅和小剧场组成。大剧院总共有 3 200 个座位（为目前天津市之最）一层和四层均设有排练厅。公众大厅座位与看台之间最远距离 34.6 米，座位之间排距 0.95 米，出入宽敞舒适，声学指标（混响可变）为歌剧厅的 1.6 秒，音乐厅 1.9 秒，小剧场 0.8 秒。大剧院同时设有可供 700 人就餐（面积 7 000 平方米，其中有中西餐厅及附属设施）， 6 米台阶下设有商业空间 5 500 平方米，可作为针对城市高端文化消费人群艺术培养和艺术品经营场地。大剧院还设有 3 个贵宾厅（分别为 175、126、50 平方米）。大剧院附属设施有可以停放 400 辆车的存车处。大剧院西面朝向中央人工湖湖面，利用亲水平台创造出宽敞的公共空间，形成开放式的“城市舞台”。夜幕降临，彩灯齐放，湖中喷泉随着音乐声错落迭起，湖面阵阵微风吹来，使人心旷神怡。大剧院 2012 年 5 月开放以来，已经演出了多场国内外名剧和歌舞表演，使我们天津人民的生活更加丰富多彩。

攻略

交通：乘 622、668、686、800、835、868、912 路公交车在文玥北里站下车，或乘 606、632、846 路公交车在科技馆站下车。

附近景点：天津文化中心博物馆、阳光乐园、银河购物中心等。

天津音乐厅

推荐理由

天津音乐厅始建于1922年，是一座典型的欧式建筑，经历了80多年历史，于2005年拆除。后委托法国建筑大师安东尼·雷格尼重新设计。采取了原拆原建方式，建成后是一座乳白色欧式建筑。

天津音乐厅始建于1922年，原名为平安电影院。1949年新中国成立后，平安电影院一直从事电影放映事业。1956年平安电影院进行了简单的改造，增大了舞台面积，并于当年更名为“天津音乐厅”。平安电影院从1922年建成后到20世纪90年代，始终是天津电影放映业的排头兵，在几十年的经营中创造了天津电影业的多项

"之最"，许多演出及电影的放映开辟了天津电影放映事业的先河。

近年来，在坚持高雅文化演出的同时，音乐厅也继续为市民保留了一个看电影的场所。1999 年 9 月，天津音乐厅花费 10 万元买断电影《春天的狂想》在天津市的播映权。这一举动又开创了天津市电影业的一个先河。

1985 年音乐厅改造之后，音乐厅的建筑面积为 4 860 平方米，分为前厅、主厅（观众席）、舞台（演出厅）、后台（化妆间）、排练厅、贵宾接待厅等，厅内严格按照举办大型交响音乐会的声学需求进行设计，充分考虑大规模乐队演奏，增大了舞台面积，同时观众席面积也进行了适当的扩大。演奏台设在观众席一侧，宽 20 米，深 11 米，可容纳 120 人的乐团演奏。演奏台共有 5 块升降台，演奏台前部设有大型乐器升降台，演奏台后部设有可供 80 人合唱队使用的合唱区。

音乐厅的观众座席设计非常人性化，使得场内观众坐在任何一个位置都能清晰地看到舞台上演员的表演，座椅的设计也很特殊，材料质地不仅可以吸音，而且每个座椅下均设有通风口，以此来调节温度，确保每位观众都能充分享受一流的演出环境。

音乐厅自 2009 年 8 月 28 日重装开幕以来，众多国际国内知名院团及艺术家前来演出，汤沐海、余隆、王健、殷承宗、丁毅、袁晨野、李光羲、盛中国、才旦卓玛、肖雄、丁建华、梅婷、中国爱乐乐团、德国莱比锡广播交响乐团、哥伦比亚国家爱乐乐团、维也纳管弦乐团、海顿四重奏、贾科米尼等都曾来此表演，并获得巨大成功。

攻略

交通：可乘坐地铁 1 号线或 3、20、632、693、867 路公交车到小白楼站下车即可。

南市食品街

推荐理由

南市食品街集八方名菜于一处，揽四方游客聚一餐。这里可吃到山南海北的美味，上百种天津地方名优小吃，也可品味皇家御膳。这里有明清式的独特建筑，以及名人书法字画等。

南市食品街建成于1984年，经各方通力协作，百日建成，各种风味饮食商店随即开业。高约数丈的灰色围墙，把食品街围成一个正正方方的四方形，街的四个入口处门楼均高24.5米、宽16米，中间拱门上端有一个匾额刻着“南市食品街”五个大字。下面便是门楼上的四块匾额为颜（真卿）、柳（公权）、欧（阳洵）、赵（孟頫）黑底金子。远看如一笔写来、气韵贯通，体现了四大书法家的丰姿。从南门起，分别为“振羽门”，古代为奏乐迎宾之意，表明中华民族第三次腾飞的新时期；“兴歌门”，古代为兴歌乐利的说法，是由内心的喜悦而唱起歌来。因政府举措为民心，符合群众的利益；“中圣门”，中圣门意味着这里有引人入醉的美酒；“华腴门”，“腴”是肥美的肉食。“华腴门”说明这里汇集各种风味美食佳肴。

四个门均为仿清建筑，屋顶结构为重檐庑殿式结构，绿色琉璃瓦面，正峭两端，八字飞檐翼角上均有吻兽、套兽、食兽和仙人兽等吉祥物，屋檐下垫板梁柱上有金碧辉煌的彩画。整个建筑物四角各有一个清式八角亭，选型玲珑别致。亭檐有八个翘脚，凌空飞舞似鸟雀欲跃之势，与四门楼遥相呼应。

这里有一家享誉百年的中华老字号“皮糖张”。采用纯天然饴糖、芝麻、什锦等，制作工艺精益求精，具有软、硬、韧、脆的特色。食后倍感香甜可口，软滑耐嚼，百年来深受顾客的赞誉。城内十字交叉的两条大街，把食品街均分为四个分区，沿街设有上下三层店铺。第二层由环绕全街的平台式回廊相贯通，形成一个立体、开放、方便的服务区。底层多是经营各色地方风味的小吃，五湖四海的绝技都在此占地摆摊，竞相献艺。

天津食品街历史

地道的风味茶汤，随着电视连续剧《龙嘴大茶壶》的播出，名噪四海，吸引了不少游客。看祖传几代的马记茶汤师傅冲水时独特而优美的姿势，细品着热气腾腾的茶汤，真是一种地方文化的享受。来自鲁迅家乡的咸亨酒店，店堂布置讲究、文雅，悬挂的“太白遗风”匾额，配有“绍兴美酒名扬四海，古越烹调香飘九州”的对联，飘溢着浓厚的绍兴乡土气息，使你仿佛已闻到醇厚的酒香，尝到鱼嫩肉鲜的佳肴。上层则是一家风味正宗、名声遐迩的饭庄。“得月楼”是苏州风味的饭庄，其烹饪手艺的高超，味道的醇正，真可与苏州观前街的名厨高手相媲美。隔壁的“华林酒家”，是山东风味的酒楼，不但菜做得好，服务也极为热情。

天津食品的“三绝”——狗不理包子、耳朵眼炸糕和十八街大麻花，始终是本地和外地游客竞买的热门货，往往要排起长长的队伍。此外，天津崩豆张、果仁张的食品也很有特色，他们炸、崩、烤的各种干果仁、豆类，不仅香口，而且还可以治病，具有降血压、降胆固醇等多种功能。街中店铺的门前，大都悬挂硕大的金字招牌，多出自名家之手。像“芝兰斋糕干店”，出自爱新觉罗·溥佐之手；“津湘饭庄”，是朱学范大笔挥就……高悬的字画，使整个店铺棚顶生色，满堂生辉。这一切都把饮食与文化紧紧相连，使食品街也变成了一条文化街。

二层的北面有负有盛名的“石头门坎素包”。1898 年慈禧太后来天后宫进香御驾在品尝了这里的素包后，龙颜大悦，连连称赞道：这里的素包味道真好，比御膳房的菜都好吃。回宫后，心情舒畅，万事如意，但想吃素包时就派人到天津购买。老佛爷时常想起那天吃过的美味素包，想起留给她很深印象的那道高立在店门前的“石头门坎”，于是慈禧太后老佛爷就御赐了“真素园”的店名为“石头门坎素包”。从此“石头门坎素包”名声也随之越来越大地广泛流传在民间。

南市食品街荟萃了国内八大菜系佳肴和津、京、晋、清真大菜，同时经营国内多种有名的特色小吃，它集天下美味于一处，是庞大的饮食博物馆。有大福来锅巴菜分店、清真白记饺子馆、明顺斋什锦饼店的烧饼、冀州曹记驴肉店的酱驴肉、天津抻条面馆的抻面、广兴成的面茶、崩豆张的崩豆、果仁张的各种美味果仁、乡味居和村姑餐厅的贴饽饽熬小鱼等。

天津食品街以其独特的建筑风貌、精美的风味食品、良好的服务给来访的游客留下了深刻的印象。

攻略

交通：可乘坐观光1路、606、634、642、651、652、659、672、675、681、806、824、829、840、846、878、954、962路公交车在食品街站下车即可。

狗不理包子

推荐理由

国家商务部认定狗不理山东路店、狗不理大酒店、水上大酒店为“国家特级酒家”，水上大酒店还被确定为“天津市国家级酒家示范基地” 中国商业联合会授予狗不理集团“中国商业名牌企业”、“中国商业信用企业（A级）”。中国饭店协会授予狗不理集团“国际餐饮名店”、“国际美食质量金奖”。国际旅游联合会曾授予狗不理集团“中国首家美食金奖”金筷子奖。

自20世纪80年代以来，狗不理以健康、诚信的企业形象和良好的经营业绩赢得了世人的广泛认可和赞誉。

“狗不理”作为我国最早的“中国驰名商标”之一、国家首批认定的“中华老字号”企业，先后被国家认定为“全国十大餐饮品牌企业”、“全国商业名牌企业”等重大荣誉称号、奖项数十项，在各种国际、国内知名行业评比、大赛评选中屡获殊荣。2007年，中国权威机构认定：“狗不理”品牌价值7.57亿元，位居天津老字号之首。在中国烹饪协会发布的2008年度全国餐饮行业百强榜中，狗不理集团由原来的54位跃升到第18位。

“狗不理”始创于1858年。清咸丰年间，河北武清县杨村（现天津市武清区）有个年轻人，名叫高贵友，因其父四十得子，为求平安养子，故取乳名“狗子”，期望他能像小狗一样好养活（按照北方习俗，此名饱含着淳朴挚爱的亲情）。

狗子14岁来天津学艺，在天津南运河边上的刘家蒸吃铺做小伙计，狗子心灵手巧又勤学好问，加上师傅们的精心指点，高贵友做包子的手艺不断长进，练就一手好活，很快就小有名气了。

三年满师后，高贵友已经精通了做包子的各种手艺，于是就独立出来，自己开办了一家专营包子的小吃铺——“德聚号”。他用肥瘦鲜猪肉 3 ∶ 7 的比例加适量的水，以排骨汤或肚汤，加上小磨香油、特制酱油、姜末、葱末、调味剂等，精心调拌成包子馅料。包子皮用半发面，在搓条、放剂之后，擀成直径为 8.5 厘米左右、薄厚均匀的圆形皮。包入馅料，用手指精心捏折，同时用力将褶捻开，每个包子有固定的 18 个褶，褶花疏密一致，如白菊花形，最后上炉蒸制而成。

由于高贵友手艺好，做事又十分认真，从不掺假，制作的包子口感柔软，鲜香不腻，形似菊花，色香味形都独具特色，引得十里百乡的人都来吃包子，生意十分兴隆，名声很快就响了起来。由于来吃他包子的人越来越多，高贵友忙得顾不上跟顾客说话，这样一来，吃包子的人都戏称他“狗子卖包子，不理人”。久而久之，人们喊顺了嘴，都叫他“狗不理”，把他所经营的包子称作“狗不理包子”，而原店铺字号却渐渐被人们淡忘了。

据说，袁世凯任直隶总督在天津编练新军时，曾把“狗不理”包子作为贡品进京献给慈禧太后。慈禧太后尝后大悦：“山中走兽云中雁，陆地牛羊海底鲜，不及狗不理香矣，食之长寿也。”从此，狗不理包子名声大振，逐渐在许多地方开设了分号。

江泽民同志 2005 年 9 月来津考察工作品尝狗不理包子后高兴地说“我给狗不理包子打 100 分”；胡锦涛同志 2008 年元旦前夕来津考察工作期间，在亲手参与制作狗不理包子后高度评价道“小小的狗不理包子，技术含量却很高”。这些激动人心的鼓励是党和国家领导人对“狗不理”的特殊关爱，传达出的更是对中华老字号所代表的民族品牌的重视。面对荣誉，狗不理更加坚定了力求用几代人的辛勤努力和无私付出，成就“世界上最知名的中国百年品牌”的宏伟愿望。

攻略

交通：狗不理集团和平路店、山东路店均在劝业场附近。集团店可乘 1、20、92、93、826、827、611、829 路公交车到狗不理集团店站下车即可。

十八街麻花

推荐理由

桂发祥十八街麻花是最正宗的、秉承传统工艺的百年老字号麻花店，与天津狗不理包子、耳朵眼炸糕并称“天津三绝”，并位列其首。“桂发祥”匾额为书法名家赵半知所书。

清朝末年，在天津卫海河西侧，繁华喧闹的小白楼南端，有一条名为“十八街”的巷子，有一个叫刘老八的人在这个巷子里开了一家小小的麻花铺，字号唤作“桂发祥”。这个人很聪明能干，炸麻花可以说有一手绝活。他炸的麻花真材实料，选用精白面粉、上等清油。每天做的麻花香味能传遍整条巷街，人们闻到香味纷纷蜂拥到他的铺子购买，因此他的铺子总是顾客盈门。后来，他的生意越做越大，开了店面。开始还算是宾客满盈，但是随着时间的推移，大家越来越觉得麻花有点乏而生腻，渐渐地生意就不如以往了。老人家不甘心，后来店里有个少掌柜的，一次出去游玩，回到家是又累又饿，就要点心吃，可巧点心没有了，只剩下一些点心渣。又没有别的什么吃的，那少掌柜的灵机一动，让人把点心渣与麻花面和在一起做成麻花下锅炸。结果炸出的麻花和以前的不一样，不仅酥脆、香气扑鼻，而且味道可口。按照这个方法，刘老八尽心研究，在麻花的白条和麻条之间夹进了什锦酥馅。至于配料，更是苦思冥想，颇费了一番脑筋，桂花、闽姜、核桃仁、花生、芝麻……还有青红丝和冰糖。为了使自己的麻花与众不同，增强口感味道，把放置时间延长，取材也是愈来愈精细，如用杭州西湖桂花加工而成的精品咸桂花、岭甫种植甘蔗制成的冰糖、精制小麦粉等等，制作成的麻花不仅存放良久不艮，而且香气四溢，味道香脆可口，满口生津。

就这样，经过反反复复的精心研究，刘老八终于创造了金黄油亮、香甜味美、久放不绵的什锦夹馅大麻花，从此"桂发祥"麻花著称于市，广受欢迎，成为天津卫赫赫有名的食品"三绝"之首。而桂发祥的十八街麻花也就因此创立了百年字号，成为天津百姓的最爱食品。

桂发祥十八街麻花经过反复探索进行创新，每个桂发祥麻花中心夹有一棵由芝麻、桃仁、瓜子仁、青梅、桂花、青红丝及香精水等小料配制的什锦馅酥条。因店铺曾坐落大沽南路十八街处，人们又习惯称其为十八街麻花，十八街改造后又在距原址200米处，新建了桂发祥大沽南路店。桂发祥麻花有50克、100克、250克，500克、1000克、5000克、8000克等种类。

制作一条地道的桂发祥麻花需要10道工序：发肥、熬糖、配料、制馅、和面、压条、劈条、对条、成型和炸制。整条麻花由十根细条组成，在白条和麻条中间夹一条含有桂花、闵姜、桃仁、瓜条等多种小料的酥馅条，拧成三个花，成为"什锦夹馅"的格局。成品用纯净健康的天然植物油炸制而成，不含防腐剂，复合香气回味悠长，食之满口余香。在炸制的时候，桂发祥麻花绝不拘泥于死板的规定，而是根据面粉质量调整油酥大小，根据气温的高低变化增减肥、碱剂量，确保投料始终处于最佳配比。这样做出来的麻花只要放在干燥通风的地方，就算放上几个月也不走味、不绵软、不变质，绝对适合旅途携带。

桂发祥十八街麻花在全国首届名小吃认定会上被认定为"中华名小吃"，1996年被中国国内贸易部命名为"中华老字号"，曾荣获国家部优金鼎奖、亚太地区博览会金奖，并被认定为中国驰名商标、天津市名牌产品及天津市著名商标，是中国麻花食品龙头品牌。

攻略

交通：乘地铁1号线或20、641、858、868路公交车到南楼站下车即可。

耳朵眼炸糕

推荐理由

耳朵眼炸糕已有 100 多年的历史，它选用精良的黄米、江米、赤小豆经清水泡后用石磨磨成粥状，加优质红糖，经传统工艺炸制而成。炸糕酥脆，内里柔软糯粘，豆馅细甜爽口，别有风味。先后获东南亚及国家级金奖，为中华名小吃。

耳朵眼炸糕起源于晚清光绪年间 (1900 年)，第一代掌柜刘万春 (1874—1962 年) 由推独轮车走街串巷叫卖，到在估衣街西口的北门外大街上摆摊设点现做现卖，积攒些资本后，刘万春与他的外甥张魁元合伙，在北门外大街租了一间八尺见方的脚行下处 (搬运工办事和休息的地方) 挂上刘记的招牌，干起了炸糕店。由于刘万春做的炸糕选料精、作工细、味道好、口感妙，物美价廉。在众多的炸糕中出类拔萃，独树一帜，买卖日见兴隆，赢得了“炸糕刘”的美称。富户、百姓人家过生日、办喜寿事时，借“糕”字谐音，取步步高之吉利，提前预约购买炸糕，使得生意蒸蒸日上，刘记炸糕店自此显露名声。因炸糕店紧靠着一条只有1米多宽的狭长胡同——耳朵眼胡同，人们便风趣地以“耳朵眼”来称呼刘记炸糕铺。虽日伪时期曾改名为“增盛成”，但耳朵眼炸糕铺却越叫越响，炸糕也因此被称为“耳朵眼炸糕”。

传统的耳朵眼炸糕采用北运河沿岸杨村、河西务和子牙河沿岸文安、霸县产的黄米和江米经水泡胀后用石磨磨成粥状，盛在布袋中。经淋水发酵后兑好碱当作面皮；再用天津出产的朱砂红小豆，制成豆馅，加优质的红糖在锅内熬汁炒成豆沙馅，凉后作馅心，包好后温油(130℃)下锅，勤翻勤转，这样炸出的炸糕，色泽金黄，炸糕外皮酥脆不艮，内里柔软糯粘，豆馅细甜爽口，别有风味。在1987年天津市群星杯津菜大赛上被授予特别荣誉奖，1989年被商业部批准为优质食品获金鼎奖，连续多年获天津市餐饮业优质食品金奖。1997年被中国烹饪协会命名为中华名小吃。耳朵眼炸糕与狗不理包子、十八街麻花被市商委和烹饪协会命名为“天津三绝食品”。

改革开放后的1978年，天津市饮食公司顺乎民意，正式命名“耳朵眼炸糕店”。1983年，当时全国政协副主席、全国工商联主席胡子昂先生欣然为耳朵眼炸糕店题写了店名。

攻略

交通：乘观光1路、37、642、906路公交车可达。

起士林

推荐理由

德国人阿尔伯特·起士林做西餐得到了袁世凯的好评，故赏他 100 两银子，后在法租界开了起士林西餐厅。100 年后，小白楼起士林依然光辉夺目。

阿尔伯特·起士林，原是一个德国士兵，曾做过德皇威廉二世的御用厨师。据传 1896 年李鸿章访问德国时吃过阿尔伯特亲手做过的西餐。后来天津人所知道的起士林也与袁世凯有着直接的关系。

在任直隶总督时，袁世凯为讨好各国驻津外交官员，经常在天津举办酒会。中餐吃过几轮后，想改改口味，请洋人吃吃西餐，于是便邀请阿尔伯特主厨，阿尔伯特得知后着实动了一番脑筋。他在一些国家的菜系中精选了法、德、俄等国几个拿手菜，冷热合理搭配、互补口味，又精心做了开胃的“红菜汤”。袁世凯吃美之后兴致之余，袁世凯想见一见做菜的洋厨子，一来表示对菜的满意，二来也想让洋人看一看袁总督待人接物的礼数。阿尔伯特不仅菜做得好，而且礼仪也有分寸，汉语讲得不错。袁世凯接见后非常满意，当即叫人拿出一百两银子赏给他。受宠若惊的阿尔伯特还穿着做饭时的衣服，双脚一碰，抬手向袁世凯行了一个军礼表示感谢。标准的军礼和不和谐的服饰形成了十分滑稽的反差，逗得在场的人们一阵大笑。第二天这件事就在天津城流传开了。一时间起士林厨艺越传越神，许多有钱的人也前去亲口尝尝他做的西餐。

有了一百两银子，阿尔伯特就萌发了退伍开餐馆的想法。几个月后在德国人汉纳根和天津买办高星桥两人出资帮助下，阿尔伯特于1901年9月17日在法租界中街开办了第一家西餐厅，命名为“起士林”。

起士林开业后，除了供应德式、法式大菜外还自制精美的糖果，面包。阿尔伯特掌灶，妻子菲蒂做招待，又雇了一位德国人罗里斯当助手。起士林的出现成了住在天津的外国人的一个好去处。每日就餐时刻，小餐厅里座位都找不到。起士林更将自己拿手菜“黄油焖乳鸽”、“德式中扒”、“罐焖牛肉”、“红菜汤”等以及他制作的面包和蛋糕等得到了更好的发挥。以后又经过高星桥的介绍，他承包了津浦铁路面包的供应。随着铁路的延伸，起士林的名字也传遍了中国各地。

起士林西方饮食文化和起士林的故事也是老一辈天津人津津乐道的故事。从精美的餐具到花样繁多的西方菜品，从布设考究的店堂到周到的礼貌服务，起士林为天津的饮食界谱写了靓丽的华章。

新中国成立后起士林被天津市政府接收，仍从事饮食业，直到1984年才重新注册“起士林大饭店”。现在的起士林坐落在和平区小白楼商贸娱乐区的中心地段，是一座面积达4 800平方米的四层大楼，首层经营糕点；二层现经营特色的自助餐；三层为德式啤酒坊和西餐；四层为法式西餐，款式颇丰。

攻略

交通：乘地铁1号线或3、20、632、693、867路公交车小白楼站下车即可。

推荐理由

天津市首家私人博物馆——华蕴博物馆，冯骥才题为“能吃的博物馆”。收藏古文物100多种3 000余件，被授予“上海大世界吉尼斯”。这里的特点是在品尝美味佳肴的同时，又观赏了古文物。华蕴博物馆为国家AAA级旅游景点。

华蕴博物馆

华蕴博物馆位于天津市和平区河北路283号。

馆长、收藏家、粤唯鲜的老板张连志经上海大世界吉尼斯总部认定，以收藏古文物数量及品种最多而获得“吉尼斯世界纪录”。他收藏的种类涉及雕塑、乐器、门楼、门窗、牌坊、家具、马具、车、铜镜等数十个门类，藏品数千件。

冯骥才为粤唯鲜餐馆题词“能吃的博物馆”，也算是中国唯一了。博物馆所陈列的展品囊括了西周至清朝各个历史时期的青铜器、铜器、木雕、石器等100多种的3 000余件文物。还有世界上第一的石头酒吧。粤唯鲜的石头酒吧开创了石文化第一，这里摆放的石头多是汉白玉的，囊括了北齐、北魏、宋元明清等朝代的300余块石头。而且石头酒吧所收藏的汉白玉石器无论是其数量还是质量，在全国乃至全世界都是一流的。

馆内存有清道光年间的“圣旨”及各种石刻、古代兵器；北魏、北齐及隋唐的佛教造像100余尊。从汉至清各历史时期的陶瓷器1 000余件。据测算，仅粤唯鲜内收藏的文物目前已价值3亿余元人民币。更令人叫绝的是，酒店305房间曾是著名京剧大师——马连良的旧居。

攻略

交通：乘4、619路公交车马场道站下车即可。

大悲禅院

推荐理由

天津现存规模最大的佛门十方丛林寺院，佛像多为唐、明以来的佛门瑰宝。铜、木玉、玉雕像及数百件文物大多为魏晋、南北朝、隋、唐、元、明、清历代珍品。整个建筑群红墙黄瓦、雕梁画栋、金碧辉煌，为华北最大的佛门古刹。大悲禅院为天津市特殊文物保护单位。

大悲禅院坐落在天津市河北区天纬路中段东北侧，因供奉大慈大悲观世音菩萨而得名，是天津现存规模最大、历史最为悠久的佛门十方丛林寺院。

寺院始建于明末清初，又兴于康熙八年，占地五十六亩。后因几多兴废，唯余现存西院，规模较小。1942 年请近代高僧倓虚大师来津主持扩建全寺，历时五年于寺东侧陆续建成天王殿、大雄宝殿、大悲殿、东西配殿等建筑群，连同园林共八千余平方米。新中国成立后政府又重新油饰佛殿廊房，增修四周山墙，建造寮房，以作僧人生活之用。又请著名甲骨文专家，天津市文史馆首任馆长王襄先生题写篆文“古刹大悲禅院”镌刻在山门之上。

十年浩劫中，寺内破坏严重。1980 年开始修复工作，并重塑全堂佛像。1983 年经国务院批准为全国重点开放寺院，1986 年正式对外开放。

山门正中"真如觉场"，为前国家佛协主席赵朴初所书。进山门，迎面是天王殿，供奉有弥勒佛菩萨和护法神韦驮菩萨，两面站立"风、调、雨、顺"为序的"四大天王"。本殿中的《五福捧寿》为天津著名砖雕艺术大师刘凤鸣代表作。寺院内有大雄宝殿、大悲院西院、后殿、大悲殿壁画、唐玄奘纪念堂、弘一大师纪念堂、倓虚法师纪念堂等殿。

改革开放以来，大悲禅院也掀开了它历史上的新篇章，每逢朔望日或佛教节日，寺内香烟缭绕，人流如潮，每年接待香客和游人百万人次以上。但由于大悲禅院规模较小，远远适应不了发展的需要。1995 年在寺中轴线东侧建成二层楼方丈院两幢与市佛协办公楼一幢，解决办公及住宿条件。

2003 年大悲禅院提出扩建规划，得到了市政府的批准和大力的支持，将其纳入海河开发的项目加以实施。寺内自筹资金 4900 万元，征地 2.2 万平方米，目前大悲禅院总占地面积 4.2 万平方米，整个扩建计划按照传统汉传寺院规模建成，大悲禅院将以更加宏伟璀璨的雄姿矗立在海河之滨，迎接十方信众与国内外广大游客。

攻略

交通：乘 1、4、12、34、609、610、611、619、632、641、646、659、670、671、818、861、878、904、观光 2 路等公交车在金钢桥站下，从天纬路步行 500 米左右到达。

文 庙

推荐理由

文庙祭祀的是我国古代伟大的思想家、教育家、政治家孔子，为天津历史上等级最高的古建筑群，也是天津地区现存最完整、规模最宏大的古建筑群。天津特殊保护文物单位。

天津文庙位于南开区东门内大街路北，占地1.5万平方米，建筑面积3 000多平方米。橙黄琉璃瓦大屋顶，雕梁画栋，金碧辉煌。明清两代至民国每年春秋两季都在这里举行祭祀大典，其中农历八月二十七孔子诞辰最为隆重。

文庙在门前街上建有两座朱柱黛瓦、雕龙画彩二柱三楼式木质建筑。由两根高大的主柱，通过横梁斗拱支撑起三座“五脊六兽”的四阿瓦顶，正中分别镶有“德配天地”“道冠古今”的匾额，上贴金箔，光彩夺目。这两座过街牌楼为我国现存牌楼中的珍品。

进庙门后，展现在眼前的是泮桥、泮池及配殿墙上的雕刻。东面墙上雕刻文字为孔子的《论语》。西院墙上的石刻是《圣迹图》，其中含《史记》《论语》《孟子》《庄子》等内容。第二部分过棂星门、庑大成殿，为地方“名官祠”“乡贤祠”，供奉在天津做官时政绩突出的官员。过古成殿，又为东西庑，分别供奉有156位先贤先儒。

第三部分为孔夫子的五个展室。展示了孔子的人生经历及儒家思想的发展过程。

攻略

交通：乘840、849、954路公交车在东门内大街站下车即可。

附近景点：古文化街、鼓楼、广东会馆。

独乐寺

推荐理由

位于蓟县城内，建于唐代，已有 1 000 多年的历史。寺集古建筑、塑像、壁画三大艺术于一体，拥有五个全国之最，独乐寺文化底蕴较深，有明代大学士严嵩所书“独乐寺”、李白所写的“观音之阁”、乾隆手书“普门香界”，俱已收入国家名匾大全。这里的壁画也作为国宝收入国库珍藏。我国著名的建筑学家梁思成考察独乐寺时说：“盖我国木建筑中已发现之最古者。以时代论，则上承唐代遗风，下启宋式营造，实研究我国建筑蜕变上重要资料，罕有之宝物也！”独乐寺在 20 世纪 80 年代以“独乐晨光”评为天津市十大风景区之一，现今为国家 AAAA 级景区。

独乐寺位于天津蓟县城内，占地 1.6 万平方米。主要建筑有山门、观音阁、韦驮亭、卧佛殿、三佛殿及乾隆行宫等。独乐寺集古建筑、塑像、壁画三大艺术于一体，拥有五个全国之最。20 世纪 90 年代后期经过八年多的维修，独乐寺重放昔日光彩。

山门正中的匾额手书“独乐寺”三个大字为明代大学士严嵩所书，字径一尺半，浑厚刚劲。

观音阁

独乐寺主体建筑观音阁，也是该寺的核心。它面阔五间，进深四间，东西长 20.23 米、南北宽 14.26 米，总面积 288.48 平方米。外观看分上下两层，中间夹一暗层，实为三层。通高 23 米，木质结构；这是我国现存最古老的木结构高层楼阁建筑。”

三、五层是柱框；二、四、六层为斗拱柔性层；两者有机地结合为刚中有柔，柔中有刚，刚柔兼备，以耐千年。大阁四个檐角处有八根顶檐柱，这是乾隆十八年（公元

1753年）维修时加上去的。

观音阁古老高大，而且造型优美，观音阁为歇山顶，共九条脊八面坡。上层四角出檐长达5.2米，似大鹏展翅飞翔，灰瓦灰顶，庄重凝静，给人以美的感觉。

抬头可看到唐代诗人李白手书“观音之阁”四个鎏金大字，高3米宽2米，字径3尺，此匾已被收入全国名匾大全。

十一面观音

在明阁内槽正中悬挂一块匾额，长2.5米，高0.75米，匾额上为乾隆手书“普门香界”四个大字，寓意观音以广大的法力普度众生，常供菩萨可入佛国。

十一面观音为独乐寺的主像。通高16米，木架彩色泥塑，站在须弥坛上，头上镶有十一面小佛，呈顶天立地之势。这是我国最大的彩色泥塑之一。

彩色壁画艺术

呈现在四周墙壁上的为元代绘制、明代重描的壁画珍品。全长45.35米，高3.15米，总面积142.85平方米。壁画内容以两明王和十六罗汉为主题。

整个壁画以密托疏和铁线描手法突出罗汉，后面翻腾的海水和起伏的山峦将整个画面连为一体，显得波澜壮阔、气势磅礴，可谓形神兼备的传神之作。此壁画已作为国宝收入国库珍藏。

古建艺术的瑰宝

建筑学是一门综合性的学科，也是一门系统工程，也称之为固体艺术。独乐寺观音阁在一千多年来历经28次较大的地震，1976年唐山大地震时，独乐寺上檐左右摇动近2米，构件吱吱作响，震后又恢复原状，可称之为一大奇迹。

五个之最

1. 观音阁是我国木结构建筑中最古老的高层楼阁建筑。
2. 独乐寺山门是我国现存最早的庑殿顶山门。
3. 正脊两端的鸱吻，独树一帜，它是古建筑屋顶上年代最早的益兽。
4. 十一面观音是我国现存最大的彩色泥塑之一。
5. 乾隆行宫（在本寺的后院）存有李白及两位皇帝亲自题写的匾额，已列为我国首批重点文物。

攻略

交通：可乘坐天津到蓟县的火车，公交车有从天津河北区建昌道到蓟县的专线。

附近景点：盘山景区，黄崖关长城等。

推荐理由

这里曾是清康熙、乾隆的行宫。1860 年被法帝国侵占，改建教堂。1870 年因神甫、修女虐婴致死，激怒天津人民，从而发生了震惊中外的“天津教案”。本建筑为天津唯一哥特式建筑。天津市特殊文物保护单位。

望海楼

望海楼地区为法帝国主义侵占天津最早的租界。1870 年因神甫和修女虐待中国女婴致死，引起天津人民愤怒，从而冲进了教堂，放火烧毁了望海楼，同时杀死持枪行凶的法国领事丰大业、神甫谢福音和修女等 20 多人。后法帝逼迫清政府镇压天津人民，并杀死了 20 多名义士，事件以谢罪赔款而告终。这就是震惊中外的“天津教案”。

现存的望海楼是 1897 年 6 月在原址上新建的，位于天津河北区狮子林大街 292 号，斜对狮子林桥，占地 3 000 平方米。望海楼坐北朝南，为石基砖木结构。正面有塔楼三座，呈笔架状。中塔高 10 米，东西墙排水天沟各镶有 8 个石雕兽头展露于外。逢雨射流，宛如喷泉，正厅内东西两侧各立有 8 个圆柱，支撑拱形大顶，极为壮观。顶壁彩绘栩栩如生，地面为瓷制花砖铺砌，整个建筑宏伟幽深，古朴不俗。建筑呈哥特式混杂罗马风格，楼尖细长向上升华。望海楼左侧有简介及天津教案介绍。

攻略

交通：乘 15、600、605、633、653、657、681、804、855、863、903、907、908、954 路公交车在望海楼站下车即达。

西开天主教堂

推荐理由

天津市建立最早、规模最大的天主教堂，1913 年建成，因为法国人所建又称法国教堂，1916 年在扩建后的地面上插上三色木桩，妄图将教堂纳入法租界，这一举动引起天津人民的极大愤怒，纷纷罢课罢工，数千人上街游行狠狠地打击了法帝国主义的气焰，迫使这一地区长期维持了中法共管局面。这就是天津历史上有名的老西开事件。西开天主教堂为天津市特殊文物保护单位。

西开教堂全称天主教西开总堂，又称老西开教堂、法国教堂。西开教堂位于和平区滨江道独山路，坐西南朝东北。建筑面积 1 585 平方米，平面呈长十字形，正面和后部耸立高大塔楼三座，呈“品”字形，楼座以黄、红花砖砌成，上砌翠绿色圆肚形尖顶，檐下为半圆形拱窗。堂内为三通廊式，内墙彩绘壁画，装饰华丽。西开教堂是天津教堂中规模最大的一座。西开教堂始建于 1913 年 8 月，到 1916 年 6 月竣工，西开教堂建造时，天津法租界派巡捕进驻该地区。教堂建成后，1916 年 10 月 20 日，发生法租界巡捕将驻守张庄大桥的中国警察缴械拘禁的事件，引起天津市民大规模抗议活动。后来，这一地区长期维持中法共管局面。当时教堂本身位于华界，大门正对着天津法租界内的福煦将军路（滨江道），所以显得非常宏伟。教堂侧面是同时建造的“法汉学校”（为天津第二十一中学），后面是教会医院（为天津妇产科医院）。

西开教堂的建筑风格属于罗马式，有三个并列的绿色穹顶，高达 45 米，每座穹顶上有一个青铜十字架。由于主教拒绝在穹顶安装避雷针，20 世纪 50 年代一个十字架被雷劈下过。不过 20 世纪 80 年代以后，周围高楼叠起，教堂已经不是最高建筑，避雷针也没有必要了。建筑主体是用红、黄色花砖砌造的，教堂内有许多壁画和大管风琴，前面院中有圣水坛，有左右两道大门，信徒分男女从不同的门入内。1976 年大地震中，两座前塔楼圆顶的底座严重震损。1979 年动工修缮，1980 年秋竣工，正式对外开放，恢复宗教活动。西开教堂是天津市最大的天主教堂，也是天主教天津教区主教座堂。

攻略

交通：乘 3、631、632、600、652、659、693、818、840、842、867、901、954、962、观光 2 路公交车在国际商场站下车即达。

天津清真大寺

推荐理由

这里是我国现存年代久远、规模宏大、装饰典雅的清真大寺。廊及栏杆雕刻精细，山墙、墀头、卷门砖雕刻艺术叫绝。殿堂内外名匾荟萃，多为稀有珍品。天津市特殊文物保护单位。

清真大寺位于红桥区小伙巷大寺前6号。大寺始建于清顺治元年（公元1664年），迄今已有500年的历史。1954年被天津市人民政府确定为重点文物保护单位。

清真大寺坐西朝东，占地面积5 000平方米，建筑面积2 200平方米。清真大寺外观巍峨壮丽，整个建筑有如波澜起伏，富有节奏感。寺内装饰典雅精巧，建筑四周的栏杆上有精细的雕刻。所有外露的梁枋上皆绘有精美的彩画艺术。砖刻艺术也是十分的考究，均分布在大小殿门正脊垂脊上。

建筑结构

大寺为我国木结构宫殿式建筑，整个建筑有照壁、门厅、礼拜堂、讲堂、沐浴室五部分组成。

照壁　建在大寺主轴线东端长14.6米，高8.5米。上面镶有清肃亲王手书“化肇无极”的汉白玉石匾。

门厅　过道前亭为寺的大门，面阔3间，进阔3间，青瓦硬山顶，卷门、隔扇门、廊厦、柱等均有精美雕刻。它与礼拜殿相对。

礼拜殿　为大寺的主建筑，坐西朝东，使礼拜者能面向阿拉伯的克尔白天房。礼拜殿又由四组建筑组成。前脸为卷棚顶，大殿面阔 5 间 24.65 米，进深 6 间 15.5 米。最后一组大殿面阔 7 间 39.15 米，进深 3 间 9.6 米。殿顶上并列五座亭式阁楼为八角攒尖青瓦顶。顶置为黄琉璃瓦宝珠。每座阁楼相连处构有隔扇门，两端阁楼檐下高悬“望月”和“暄时”匾额，说明两座阁楼可用来观看“新月出没”和暄报“斋戒时日”的地方。清真大寺的邦克楼与礼拜殿浑然一体，这是天津大寺的独特之处。

殿内后墙设龛，平柱之上悬挂有 18 座阿文匾和寺福阿文楹联。地板上铺凉席，冬置白毯，显得格外深邃肃穆。殿内通深 31.7 米，建筑面积 836 平方米，可供千人同时做礼拜之用。

讲堂 阿訇讲堂设在南北厢房，内面阔 3 间，青瓦硬山顶，与礼拜殿对厅的廊厦相连，构成院内四周回廊。讲堂以西建有耳房 3 间，供接待休息使用。

沐浴室 在北垮院为一般砖瓦房，又称水房，是穆斯林礼拜前，沐浴、洗手进行“大净”的地方。

名匾荟萃

这是在全国保存匾额最多的清真大寺。大寺内存有阿拉伯文匾额 17 块，楹联一副；汉文匾额 35 块，楹联 8 副，共计 61 副。书写者既有伊斯兰教长阿訇和教友，也有满汉贵亲、官吏和社会名流。清真大寺清康熙 15 年扩建后，又多次重修。

天津清真大寺是天津市伊斯兰教协会所在地。

攻略

交通：乘坐地铁 1 号线至西北角站，或乘 12、600、903 公交车至西北角站。

潮音寺

推荐理由

潮音寺有600多年历史，明代皇帝曾下令重修过，清帝康熙、乾隆也曾亲临拜谒。农历二月十九举办庙会活动，香火很盛。

潮音寺始建于明朝永乐二年（1404年），原名南海大寺，又名双山寺。它轴向大沽海口，是全国少有坐西朝东庙宇，也是塘沽区旅游南线中唯一对外开放的文物古迹。

潮音寺由三层大殿、南北四配殿和南北两跨院组成，内设柳仙亭，供奉观音菩萨等十四尊佛，是经批准的宗教活动场所。她以海和船为特点，以观音菩萨的由来及鲁班巧修潮音寺等传说而赋之几百年的传奇色彩，并以明清风格的古建筑群和雅俗共赏的匾联，供您观赏。

明嘉靖皇帝曾下令对潮音寺重修，并御题“潮音寺”之名。清康熙、乾隆也曾亲临拜谒，使得潮音寺名扬海内外，称曰“赤子之向往，家乡之特征”，使潮音寺地区逐步成为塘沽地区政治、经济、文化的发源地。

每逢农历二月十九（观音菩萨的诞辰日）举办庙会活动。十年来，共接待香客游人一百多万人次。为了充分发挥旅游资源优势，塘沽区政府对潮音寺进行了大规模的扩建。改建后，潮音寺占地总面积19 297平方米。

潮音寺位于海河西岸的西沽境内。南依海滨浴场，北望天津经济技术开发区，东临大沽口炮台，西沿津沽公路，交通方便，欢迎四方游客前来游览观赏。

攻略

交通：到达塘沽火车站后乘110路公交车在潮音寺附近下车。

A320 总装线

推荐理由

国家发改委批准在天津滨海新建设 A320 系列飞机总装项目。以德国汉堡 A320 为原型，2011 年生产量达到 44 架。2009 年 6 月该厂举行了开工仪式，2012 年超额完成 88 架，所生产飞机质量均达到国际标准。A320 总装线为国家级天津工业游首选。

2006 年 6 月 8 日国家发改委批准建设 A320 系列飞机总装项目，选址在天津滨海新区。该飞机属于大型空中客车，可乘坐 150 人至 180 人，价值达两亿元人民币左右。引进德国汉堡 A320 总装线的工艺技术，建设飞机总装、整机喷漆、发动机系统测试、飞机试飞、飞机交付等设施。

A320 总装线占地 60 万平方米，其中含包括总装厂房（长 280 米，宽 90 米，高 20 米的巨型厂房）、喷漆厂房、动力站、飞机库、总装与室外设施等。基础建设含 7 个子项、19 个单体建设及构件等。总装线为流水作业形式，同时可有 4 架飞机在线上运转。但比汽车流水作业要慢得多。2009 年 6 月该厂生产的 A320 飞机在天津举办了成功的试飞仪式，温家宝同志以及相关领导和人员出席。第一架 A320 飞机被四川航空公司购买。A320 总装线 2011 年达到月产量 4 架、年产量 44 架的生产能力。目前世界及全国各地大部分航空公司均曾购买使用该厂生产的 A320 飞机，其性能已被我国 A320 系列飞机权威技术鉴定机构鉴定为完全达到国际技术标准。

A320 飞机总装线现已向市民开放，是天津市工业旅游首选地点。

攻略

交通：天津市内乘坐 462、622 路公交车在滨海新区空港工业园区就近下车。

天津纺织博物馆

推荐理由

天津的纺织工业是天津最早的基础工业之一，20 世纪 20 年代织机在天津开始使用。从小企业小作坊到私营织布厂，到北洋政府先后成立华新、北洋、恒源等几个民族企业。解放后国家非常重视天津的纺织企业发展，一度成为天津利税大户。改革开放后，高新纺织园区建成，年产棉纱 2 万吨，棉布 1 亿米，色织、装饰布 3 800 多米，毛线 1 600 吨，毛精纺面料 240 万米，服装 1 051 万件，节能减排在全国处于领先地位。该馆为天津市工业旅游单位。

位于天津市滨海新区空港经济区天纺大厦内的首座纺织主题博物馆于 2010 年 5 月 8 日正式投入使用。它的投入使用标志着总投资 46.5 亿元的天津高新纺织园全面建成。

天津高新纺织工业园建设于 2003 年，占地 184 公顷。它把原先散落于海河两岸的 60 多家老纺织企业迁移于此，重新规划，重新组合，淘汰高污染高耗能设备，提升整体工艺水平，在园区内形成纺纱、织布、印染、服装制作等完整的产业链，提高产品品位和附加值，减少流通环节，降低成本，从而最终提升产品竞争力，形成集群效应。目前，园区已形成年产棉纱 2 万吨、棉布 1 亿米、色织布 2 200 万米、装饰布 1 600 万米、毛线 1 600 吨、毛精纺面料 240 万米、服装 1 051 万件的能力。“园区的工业总产值占到整个天纺集团的 60%。

天津高新纺织园区拥有国内一流的纺织工程研究院，具备从原料、棉纺织到毛纺、针织、家纺的产品开发、检测和实验条件，具有自主研发、生产专化及技术储备能力，是国家纺织产品开发中心。

园区在节能环保上也遥遥领先，园区万元产值耗能源折标煤 0.3 吨，在全国纺织行业处于领先地位。供电电压合格率达到百分之百、电能损耗率达到天津市所有用户最低。中水回用、冷凝水回收等实现了循环用水率达到99%。

纺织机械成最大看点

总建筑面积为1 861平方米的纺织博物馆，馆藏资料涉及15大类。该馆分为古代纺织，近、现代纺织，当代纺织和专题展区四部分（世界一流的纺织机械和新产品），展出文献300余册、图片5 000余幅，器具2 000余件，展陈文字说明达5万余字。各类纺织机械及其复制品成为展馆内的最大看点。除具百余年历史、来自河北任丘一农家的木铁纺织机外，复原后的黄道婆所发明古代最早纺织机械。1920年由美国企业制造、北洋纱厂购进并一直使用到2008年的粗纱头机；由日本株式会社加地铁公所1921年制造的立式开棉机以及改革开放后天津自主研发纺纱机等也都在展馆显著位置陈列亮相，可让游客更加直观地感受天津纺织历史的厚重。

名人与天津纺织故事

博物馆"社会名人与天津纺织"展板内，通过照片等集中展示马三立、华罗庚、张海迪、郎平、李宁等社会名人与天津纺织的故事。其中，相声演员冯巩还设有专门的实物展台。冯巩少时在纺织学校读书，参加工作后第一个单位就是纺织厂，而离开天津纺织从艺后，他依旧难舍纺织情缘，于2006年自导自演反映纺织工人生活的影片《别拿自己不当干部》，该片在津首映后，好评如潮。馆内还可看到，由冯巩所在原企业提供的展示物品、影像带、天津纺织工业局开具的冯巩工人介绍信等。

宇航员舱外服面料引关注

纺织博物馆当代纺织展区一角，以"神七"飞船宇航员走出舱外为背景的展示窗内，展出一块乳白色布料引起参观者兴趣。它就是由天纺投资控股有限公司荣泽纺织分公司与解放军总装备部研究所合作，成功开发的宇航员舱外服保温防护层面料。这种成本价在每平方米4 000元左右。由特殊纤维双层织造而成，具高强度、耐高温、抗冲击、防辐射等特性，可抵抗太空压力、温度、辐射等多种极端环境，能够满足宇航员出舱需要。

展出天津"人文纺织"

展馆现场，除了大量剪报、照片等实物的展示外，还可看到，天津自主研发的纺纱机。天津宝成纱厂在全国率先创立"八小时工作制"，《大公报》曾在显著位置刊登报道。原东亚毛纺厂具有民族特色的企业文化及其先进的营销理念，以及现代天津纺织企业铸就的辉煌……在这里让更多的游客看到了一个充满人文的"天津纺织"。

攻略

交通：乘638路公交车在滨海空港工业园区站下即达。

推荐理由

海鸥牌手表于1955年诞生，至今已有50多年历史。从中国第一只手表起，现已成为集机芯研发、生产、组装、销售为一体的手表生产基地。至此，三大技术一一突破，并达到国际标准。

海鸥手表博物馆

在空港经济区的海鸥工业园里，天津海鸥集团特别建设了一个海鸥手表博物馆。在博物馆里，不仅能看到海鸥手表挑战世界腕表三大经典表款的精彩图片，还能近距离欣赏各种精美的经典腕表。它向国内外游客讲述着海鸥手表的发展进程，展示着天津手表工业的辉煌。

博物馆建筑面积达1 000平方米，分为综合性工业旅游展区和技术中心专业展区两部分。综合性工业旅游展区包括四个部分，分别是：计时中国陈列区、国表摇篮、计时之宝和创新之路，游客可以通过图片、文字资料、实物感受以海鸥手表为代表的天津手表工业发展历程。现场还摆放着一款款海鸥集团完全自主研发生产、拥有国际先进水平的“双陀飞轮表”、“三问表”、“月相万年历表”的样品和按照不同比例缩放的各种手表模型以及各个年代由天津海鸥集团自主研发的不同样式的手表。在技术中心专业展区，游客可以通过图片、文字资料和实物了解天津海鸥手表工业的最新

技术成果。作为全国唯一的手表工业国家级技术中心，海鸥手表博物馆向人们展示了手表究竟能做到多高端。

值得一提的是，博物馆内还设有互动区，游客可以通过电子系统观看一块手表200余个零部件的组装过程。此外，现场还将有两名技术高超的手表技师演示手表的组装与调试。

天津海鸥手表销售有限公司，在全国同行业中率先通过了ISO9001:2000质量管理体系认证，并拥有一支管理严谨、素质高尚、业务精良的销售团队，将海鸥牌手表行销于全国各地。诚信、热情、周到的服务是我们的销售宗旨，随着市场的发展和要求，海鸥手表集团可以根据用户的要求承制纪念表、礼品表，精心为企（事）业单位、部队、学校设计制造展现个性化的定制手表。

攻略

交通：乘622、638路公交车在天津空港工业园站下车可达。

推荐理由

天士力中药集团为天津市大型企业，是全国精神文明建设先进单位，全国创建和谐劳动关系模范单位，慈善十年突出贡献企业，天津市优秀企业，价格、质量信得过最佳单位等多项荣誉。全国首家工业旅游示范单位。

天士力现代中药城

天士力中药集团成立于1994年，它的产品包括现代中药、化学药、生物制药、保健药、功能性食品等。其功能囊括科研、种植、生产、营销等领域的高科技企业集团。2004年被评为天津首家全国工业旅游示范单位。

城区门口首先映入眼帘的便是两座雄伟的石狮子，高8米，重1千吨，其体积重量堪称亚洲第一狮，它们就是天士力的化身——“东方醒狮”。下面我们看到的便是高38米金属塔，——“世界之光”，及东西方四位医学界代表人物，和他们身后上方世界四大药典。

“世界之光”对面是一座建筑面积2万平方米的多功能国际交流平台。整个建筑分上下两层，第一层右侧大厅是产品的展示厅，既有产品图样介绍，又有实物。厅内有多名员工当场讲解。紧挨展厅的是单位的销售部。大厅上下扶梯下面是这里产品营业部，在这里能买到单位的所有药品以及旅游纪念品等。

第二层迎面墙体是本单位业绩成果展示，有集团本身领导及职工大型照片和业绩介绍，非常醒目。右侧就是会客室、报告厅、巨型墙体框画。再回到扶梯右侧，是专门设计的慢坡楼梯台阶。这里有四组时代不同医学创始人：一是中国《本草纲目》创始人李时珍；二是法国微生物细菌致病、消毒法创始人巴斯德；三是近代细胞学奠基人施莱登·施德；四是医学、生理学、诺贝尔奖获得者克里克·沃森·威尔金斯。在左侧的墙上有胡锦涛、温家宝接见集团董事长闫希军的大幅照片。

出报告厅后沿右侧走，这里是“明星大道”，均为企业元勋，第一个就是集团董事长闫希军，天津的特模、劳模、全国人大代表，还有王国成、张建忠、林耀武；国务院特殊津贴专家有闫希军、吴迺峰、李文、刘岩、郭治昕、叶正良以及岗位能手、技术标兵、销售状元明星员工共463人名字和脚印。

临近就是药用植物生态园，占地1 600平方米，种植的中草药植物116种。还种植了来自世界各地的珍贵植物138种，室温经常保持在18摄氏度以上。除此之外还种植了四季常青的花草，使这里成了鸟语花香的世外桃源。

城区内还有醒目的巨型花岗岩浮雕长卷《中华医药图》，全长150米，高1.8米，堪称世界墙体浮雕之最。于2001年3月获世界吉尼斯之最称号。图中有神农尝百草、伏羲制九针等重大医药历史事件16件，荟萃了《黄帝内经》《本草纲目》等医学典籍著作28部，展现了中药药方、剂型20余种，共塑造、刻画了古代历史人物132人。整个画卷展现了浓郁中华医药文化的内涵及斑斓的艺术光泽。

攻略

交通：乘803、671路公交车在天士力门口站下车即可。

王朝酒业集团

推荐理由

王朝酒业集团创立于 1980 年，为天津市第一家中外合资企业。30 多年来已经发展成为中国顶尖企业，2010 年生产能力突破 7 万吨；“王朝”成为最有价值的品牌，屡获国际大奖，全国精神文明先进单位。全国工业旅游示范单位。

王朝酒业集团于 1980 年创立，是天津市第一家中外合资企业，合资的外方是世界著名的法国人头马集团。王朝秉承人头马君度集团引以为傲的优良传统与先进的酿酒技术，发展成为中国顶尖酿酒厂。王朝透过世界级先进酿酒设备、崭新工序及技术，成为工艺领先全国的酿酒厂，酿造出品种繁多的葡萄酒及烈酒，涵盖高级的传统陈酿，以及以年轻消费者为目标、价格相宜的葡萄酒。利税连续 8 年居全国葡萄酒行业第一名。王朝葡萄酒享誉海内外，先后荣获 14 枚国际金奖，8 枚国家级金奖，被布鲁塞尔国际评酒会授予最高质量奖，并被指定为国宴用酒。产品远销美国、加拿大、英国、法国、日本、澳大利亚等 20 多个国家和地区，深受国内外消费者的青睐。

2000 年王朝商标被国家工商局认定为中国驰名商标。2006 年在北京被确认为最有价值的品牌，“王朝”品牌价值为 30.07 亿元人民币。

王朝御苑酒堡内设有一座阐释世界酿酒文化、装潢典雅的葡萄酒博物馆，多个展示搜罗自世界各地顶级佳酿的展览厅，以及一个世界级研发中心。此外，酒堡内更设有一个可招待多达 400 名贵宾的星级的品酒及用餐厅、23 间豪华客房，以及一个水疗中心，呈现一系列具有异国情调的葡萄酒水疗护理。

攻略

交通：在津围公路上，乘 670、671 路公交车可到达，参观前请事先联系。

博康天蜜产业园

推荐理由

博康天蜜产业园是天津市第一家原生态养蜂场，目前为止接待游客 20 万人次以上。博康天蜜于 2014 年 3 月 18 日获得天津市食品安全信用体系建设办公室颁发的天津市食品安全特殊贡献奖。

博康天蜜位于天津市西青区卫津南路 168 号，已有 20 余年历史。公司 1994 年 9 月 18 日成立时，设立了天津市第一家“蜂产品专卖店”，致力于健康文化产业的建设发展，以“真文化”“蜜文化”“缘文化”为基础，20 年始终坚持“只有事实，才有价值”的理念，学习和弘扬蜜蜂的“团结、勇敢、无私、奉献、勤奋”的精神。自强不息，不断努力，多年来系统地建立了原生态养蜂场，遍布全国的优质蜜源基地及甜蜜养生主题工厂，将科普、教育、宣传、体验集于一体。

攻略

交通：乘 161、832、826、津西 2 路公交车至高庄子站下车即可。

编者后记

我是一名老旅游工作者，我热爱旅游，更热爱天津。自从改革开放后，天津高楼林立，道路宽阔通畅，天蓝水清，绿树成荫，一派欣欣向荣景象，旅游设施及风景区日益完善。天津市政府从21世纪初期，就先后对“海河”和“五大道”进行打造提升。海河两岸旧貌变新颜，夜色初上时的流光溢彩使人陶醉，打造出了一条属于天津的“塞纳河”。天津五大道欧式小洋楼中的名人故居焕然一新，使这座历史文化名城更名副其实，从而迎得了广大中外游客的青睐。

《天津市旅游景点一本通》是我在翻阅了诸多旅游书籍资料，根据实际需要积累编写成篇。有些篇章曾在天津《今晚报》和《中国优秀导游选》上发表过。书籍几经修改并最终面市，希望对旅游爱好者及来津的游人可以有些帮助和启示。

在此特别感谢罗澍伟老先生为本书作序，并对本书做出了较高的评价，同时也对天津作了深入浅出的介绍。不仅为我、也为广大市民了解天津、认识天津给予很大的帮助和启迪。在此对罗老先生表示由衷的感谢！

袁文斌先生对我完成这本书也给予了很多的帮助和指导。他对我初期版本中故事太多、篇幅较大的情况及时提出应适应旅游市场改写成攻略形式这一建议。于是我又花了两年多的时间，经天津大学出版社专家教授的编改后成为现今的版本。袁老师不仅在文字题材上指导，也对本书的封面摄影作了精心的设计。特别是他在百忙之中为本书所写的《辛勤耕耘，梦想如愿》对我和本书都给予了较高的较为中肯的评价。对天津市的旅游工作者和旅游专家学者、旅游专业人员都提出了殷切的希望。袁老师希望我们在实践中创作出更多更好的作品，来满足旅游工作的需要。他对本书竭尽全力作了最终定稿修正，书中还有多幅精美的摄影佳作也都由他亲自提供。

周传林先生——天津市老年摄影艺术研究会副会长兼秘书长——我的上级、挚友，无私地为本书提供多张精品照片。蓟县旅游局原科长刘光辉先生以及我要好的影友宋铁汉、李建新、田永革、程静等都为这本书提供了很多的照片（程静还负责前期的电脑打字），在这里为他们所付出的辛苦劳动一并表示深深的感谢！

我的旅游启蒙老师于俊东先生对本书的关心和帮助最多。他是天津市导游界的行家里手，多年以来任职于天津导游的培训老师。经他培训过的导游遍布全市，有的已成为行业骨干、精英。由他带过的旅游团都评价他讲解得好，央视主持敬一丹女士到天津都请他作导游。我们俩人几十年在一起，很有缘分。我们曾组成天津九家联谊社，一起开会一起学习考察。十多年来仅是到外地对口社的景点采访考察就达20多次。社与社之间互通有无、取长补短。

我虽已年过古稀，回首数十年在旅游战线上的奔波，自觉没有虚度年华，只希望能够为天津市的旅游及在培养导游人才方面做出一点点小的贡献。

由于所知有限，书中不免会有一些错误或是不当之处，随时欢迎大家批评指正。

杨珉瑛

2014年10月